本书是国家自然科学基金资助项目“银行风险承担行为与市场约束治理研究”(批准号:70903012)的研究成果
本书部分内容获得了教育部人文社会科学研究项目(批准号:09YJC790045)的资助

银行风险承担行为与市场约束机理研究

许友传 著

上海交通大学出版社

内 容 提 要

本书紧紧围绕银行风险承担行为及其市场约束机理，通过多种理论方法和技术工具的综合运用，以经济建模和实证建模的方式系统研究了隐性保险体制下的我国银行业的风险承担行为与市场约束机理。

本书的创新是维度的，如研究了政府不同隐性保险政策对不同银行风险承担行为的作用机理；研究了信息披露和次级债的市场约束机理与效应；研究了隐性保险体制下的我国城市商业银行的市场约束行为；比较研究了国内外银行次级债市场的激励结构与约束功能等。

本书可供银行从业和管理人员、政府相关机构及高等院校相关研究者参考。

图书在版编目(CIP)数据

银行风险承担行为与市场约束机理研究/许友传著. —上海：上海交通大学出版社，2010

ISBN 978-7-313-06409-7

Ⅰ. 银…　Ⅱ. 许…　Ⅲ. 银行—风险管理—研究—中国
Ⅳ. F832.1

中国版本图书馆 CIP 数据核字(2010)第 071226 号

银行风险承担行为与市场约束机理研究

许友传　著

上海交通大学出版社出版发行

(上海市番禺路 951 号　邮政编码 200030)

电话：64071208　出版人：韩建民

上海颛辉印刷厂 印刷　全国新华书店经销

开本：787mm×960mm 1/16　印张：13.5　字数：175 千字

2010 年 7 月第 1 版　2010 年 7 月第 1 次印刷

印数：1～2030

ISBN 978-7-313-06409-7/F　定价：28.00 元

前 言

金融创新、技术创新、市场力量等改变了金融机构的规模、经营范围与复杂性，如金融工程技术与创新不仅改变了金融市场，也为金融机构承担、测度与控制风险提供了新的工具，其复杂性常使监管当局难以实时有效评估银行的风险状况。因此，法定监管面临着众多的现实挑战，有必要在其之外引入适度激励兼容的市场因素，为市场参与者创造一种适当的、具有有效激励结构的监管框架，它能鼓励私人市场力量对银行的风险承担行为进行应有的市场约束，能实时“微调”银行的风险承担成本，降低银行的道德风险激励，从而增强行为约束与监管效果。

本书通过对银行风险承担行为和市场约束相关文献的回顾，给出了隐性保险体制下我国银行业风险承担行为与市场约束机理的系统研究。本书分别考察了完全隐性保险政策和不完全隐性保险政策对不同银行风险承担行为的作用机理，发现政府隐性保险对健康银行的风险选择具有“屏蔽”效应，但在某种程度上会激发问题银行的风险承担激励，那么，该如何约束问题银行的这种风险承担激励呢？通常，法定监管和市场约束是两种最主要的银行风险承担行为的外部治理途径。但本书的目的不是研究监管当局如何通过追加资本要求、监督检查等手段来约束银行，而是强调如何通过增强市场约束本身（如信息披露、强制性次级债要求等）来限制银行更大的风险承担行为。

本书紧紧围绕银行风险承担行为与市场约束机理，通过多种理论方法和技术工具的综合运用，以经济建模和实证建模的方式系统研究了隐性保险体制下我国银行业的风险承担行为与市场约束机理。本书的行文结构安排如下：第1章回顾与分析了银行风险承担行为和市场约束的相关文献，梳理出了市场约束的相关作用机制及其环境依赖，考察了隐性保险体制对银行风险承担行为和市场约束的影响，并结合我国银行业的制度与现实背景，给出了市场约束对银行风险承担行为影响机理的系统研究框架。第2章在一个两期经济的框架内，研究了政府完全隐性保险政策对银行风险承担行为的影响，给出了完全隐性保险对不同银行（健康银行、问题银行）风险选择的激励条件与边界，并对基于政府隐性保险的“国家信用悖论”给予了理论解释。第3章在第2章的基础上，将完全隐性保险下的银行风险承担激励模型推广到不完全隐性保险情形，比较研究了两种隐性保险的政策效果与环境依赖，研究了不完全隐性保险对银行风险承担行为的影响，给出了不完全隐性保险对不同银行风险选择的激励条件与边界。第4章从理论上阐释了银行信息披露的市场约束过程与作用机理，并在此基础上进行了针对性的计量建模，实证研究了我国主要商业银行信息披露的市场约束效应。第5章分别从价格约束、数量约束、外部环境对市场约束的影响等视角，研究了隐性保险体制下的我国城市商业银行的市场约束行为。第6章研究了次级债对银行风险承担行为的市场约束机理，给出了次级债债权人发挥市场约束作用的内在条件与边界，以及次级债的监管资本处理与对待对其市场约束功能的影响。第7章研究了次级债的激励结构与市场约束治理机制，翔实讨论了投资者如何通过直接约束、间接约束、附加控制条件等方式来限制银行更大的风险承担行为，并比较分析了各种市场约束方式的有效性，以及债项特征的设计对其激励与约束功能的影响。通过对国外次级债激励与约束功能相关经验的归纳与总结，将之与我国银行次级债市场的实际情况进行比较，从而对我国银行次级债市场的激励与约束功能进行价值判断，并给出了一些针对性的改进建议。第8章是对全书的总结，并展望未来的研究方向。

本书的创新是多维度的，如研究了政府不同隐性保险政策对不同银行风险承担行为的作用机理；研究了信息披露和次级债的市场约束机理；研究了隐性保险体制下的我国城市商业银行的市场约束行为；比较研究了国内外银行次级债市场的激励结构与约束功能等。尽管本书的研究方法均基于数理建模和实证建模，但与纯粹的理论研究有着本质上的差别，我们则更多地基于中国银行业的运营和监管实践进行模型建构与逻辑推理，并在大部分章节推演出了有指导意义的政策观点或启示，这也是本书现实意义的主要体现。

本书按照国家自然科学基金“银行风险承担行为与市场约束治理研究”的研究思路，在作者博士论文的基础上修订而成。本书对信息披露的市场约束机理与效应进行了重构，新增了我国银行次级债市场的激励结构与约束功能等内容。较之博士论文原稿，本书的理论层次和逻辑体系均有所增强。

本书在出版的过程中获得了国家自然科学基金（批准号：70903012）的资助和上海交通大学出版社的帮助，在此表示感谢！

许友传

2010年5月于复旦园

目 录

第1章　绪　论

1.1　研究的提出

1.1.1　研究背景

为稳定、预防和处理银行危机给经济、社会可能带来的系统性负面影响，各国政府均要建立一个相对完备的银行安全网体系。它主要由以下三个部分组成:第一，事前的监督防范制度，如资本充足性管理、监督检查、市场约束(market discipline)等。第二，事中的危机扩散防范制度，如通过最后贷款人(Lender of Last Resort)政策或存款保险制度帮助出现流动性危机或清偿危机的银行机构顺利渡过难关。第三，事后的银行破产关闭政策，如对有问题的中小金融机构在不可救助、救助失效、中央银行接管未达到预期目的或接管期间未寻求到接收机构的情况下，政府从社会最优的角度会考虑对其进行破产关闭。

早在20世纪90年代初，中国人民银行就开始向资本充足性监管模式迈进，但直到2003年银监会成立，我国银行业的监管实践才真正迈出了实质性的步伐。银监会宣布，今后我国将逐步适用巴塞尔协议规定的银行业监管标准，将风险调整的资本充足性管制、监督检查和市场约束视为银行业监管的三大支柱，从而也形成了我国银行安全网的事前监督防范体系。对事中的危机扩散防范制度，尽管早在1993年《国务院关于金融体制改革的决定》就指出要建立存款保险基金，1997年全国金融工作会议又提出要建立适合国情的存款保险制度，但囿于市场环境、法治环境、银行改革等制度性安排的限制，显性的存款保险制度至今尚未建立。显性存款保险制度的缺位，也导致了对问题银行机构的处置呈现出多部门参与和联动的局面，如中央汇金公司对四大国有商业银行、中国光大银行、国家开发银行的注资；财政部发行特别国债以补充国有商业银行资本金；中国人民银行提供流动性贷款、紧急贷款、专项贷款等救助问题银行机构等。有人认为，政府对四大国有银行等大中型国有控股银行的持续资本注入不能算作真正意义上的问题银行处置，因为它们并没有发生真正的流动性危机或偿付危机，而只是政府在内、外部压力下未雨绸缪的表现。但需要指出的是，它们之所以长期在低资本、高风险的不利条件下"正常"运营，且不发生挤兑危机，是与政府一贯的隐性保险政策实践密不可分的。

我国对出现流动性危机或濒临破产、严重资不抵债的中小型问题金融机构的处置主要由人民银行牵头解决。1995年的《中国人民银行法》规定，中国人民银行根据执行货币政策的需要，可以决定对商业银行贷款的数额、期限、利率和方式。1998年的《防范和处置金融机构支付风险暂行办法》规定，对于出现支付风险后必须通过人民银行再贷款给予流动性支持的金融机构，应由人民银行省级分行(现为大区行)提出方案，报总行审批。1999年的《中国人民银行紧急贷款办法》从申请条件、申请程序、再贷款用途、期限、利率等方面搭起了最后贷款人制度的框架。为应对20世纪90

年代末的问题银行、信用社、农金会等问题金融机构的处置办法，2000年人民银行颁布了《地方政府向中央银行专项借款管理规定》，将紧急再贷款从流动性支持明确扩展到对撤销地方性金融机构的偿付性支持，按照该规定，地方政府承借的专项借款是以地方财政为保证的再贷款。人民银行通过流动性贷款、紧急贷款和专项贷款等政策手段，完成其作为最后贷款人的角色。从近年来我国对问题金融机构的风险处置实践来看，人民银行的最后贷款人职能发挥得淋漓尽致。从农村合作基金会的关闭，农村信用社的风险处置导致城市信用社的停业整顿，商业银行的行政关闭等，不管这些机构是否是合法的金融机构，是流动性风险还是清偿性风险，是系统性风险还是非系统性风险，是否具有抵押、担保，也不管这些金融风险形成的原因如何，只要出现了支付问题，人民银行就似乎必须兜底掏钱，导致最后贷款人制度被滥用的情况相当突出(林平，2004)。最后贷款人的过度救助不但干扰了货币政策的目标，还助长了银行的道德风险并降低其效率，而且还可能演化为隐性的存款保险制度(刘丽巍、李华，2006)。在预算软约束情况下，最后贷款人政策为整个金融体系提供了隐性的担保(周厉，2006)。

我国政府对问题银行机构的隐性保险方式是多样的，它主要表现为政府对问题银行机构的不同处理方式(见表1.1)，如：①停业整顿，主要通过央行紧急贷款或专项再贷款的方式给问题银行以资金支持。②资本注入，如中央汇金公司对四大国有商业银行、中国光大银行、国家开发银行的注资。③政府指定一家健康银行托管或合并问题银行，如海南发展银行由于兼并、托管了30多家有问题的信用社难以消化，导致自身的经营出现问题，出现了挤兑现象。1998年6月中国人民银行将其关闭，海南发展银行的债权债务交由中国工商银行海南省分行托管，对其境内居民储蓄和境外债务保证支付，对其他债务则组织清算后偿付。④行政性关闭，但由中央银行提供再贷款用于兑付自然人存款，组织对关闭银行的清算工作。

尽管政府对银行业实施了较为普遍的隐性保险政策，但政府对不同类型的银行（如健康银行、问题银行）和不同类型的存款（如个人存款、对公存款等）却实行了有差别的隐性保险策略。谢平、易诚(2004)的研究发现，从我国近年来金融机构市场退出的实践来看，国家事实上承担了对银行存款的保险责任，我国实行的是国家对个人"全额偿付的隐性存款保险制度"。对问题银行机构的债务清偿，中央银行和各级政府首先要保证对个人存款的认定及兑付，其余资产则由原机构负责清收，用来兑付其对公存款和其他债务。由于对公存户的资金受偿以问题银行机构的清算资产为限，因此对公存款人的损失在所难免（雷顺英，2004）。而对四大国有银行等大中型政府控股银行，由于缺乏相应的市场退出机制安排，政府对其采取了"大而不倒"的完全隐性保险策略，中央银行将尽可能地给予大型国有控股银行以最后贷款人便利。因为不救助的责任是无限的，而救助带来损失的责任是有限的，最后贷款人便蜕化为"最后买单人"，从而用纳税人的钱来为整个金融体系提供隐性担保（周厉，2006）。由此我们可推知，政府对小型银行机构的个人存款采取了完全隐性保险的政策，而对其对公存款则采取了不完全的隐性保险政策（或部分隐性保险）或不予保险的政策；但对大型的国有控股银行，政府则采取了近乎完全的隐性保险政策。

表1.1 近年来我国政府处置的部分问题金融机构实例

处置方式	处置时间	处置金融机构及金额
并 购	1995	广东发展银行收购中银信托投资公司
	1997	海南省28家城市信用社并入海南发展银行
	1997	海南省关闭了5家城市信用社
关 闭	1998	关闭了海南发展银行、北海市信用社、德领哈市鸿业城市信用社、河南长葛市城市信用社、恩平市18家农村信用社等
停业整顿	1999	广东省147家城市信用社、16家信托投资公司及14家办事处(营业部)、843家农金会被停业整顿
注 资	1998	财政部发行2 700亿元特别国债,补充四大国有商业银行资本金
	2004	中央汇金向中国银行、中国建设银行注资425亿美元
	2007	中央汇金向中国光大银行注资200亿元人民币等值美元
	2007	中央汇金向国家开发银行注资200亿美元
	2008	估计中央汇金向中国农业银行注资1 300亿元人民币的等值美元
成立资产管理公司	1998	剥离四大国有商业银行1.4万亿元不良贷款

注:资料来源于有关媒体的报道。

1.1.2 研究问题的由来

当政府对银行业提供隐性保险时,政府无法通过向被保护银行收取“风险调整的保费”来提高银行的风险承担成本,以弥补其隐性保险支出,因此,由问题银行救助而引发的损失几乎完全由政府承担,即损失从问题银行及其债权人身上转移给财政,进而由纳税人承担。政府的这种政策使不同银行利益相关者(如银行、监管层、银行债权人)产生了多重的行为反应:①对银行而言,由于经营收益归自己,损失是国家的,且政府还缺乏相应的配套机制或惩戒机制来保证对其不审慎行为的惩处和约束，助长了银行经营中的盲目乐观情绪和更大的风险承担倾向。②对监管层而言，由于无法解决政府救助带来的成本补偿问题，监管者更倾向于对问题银行采取“宽容”的监管政策，以尽可能地推后损失的发生与兑现。③对银行债权人而言，由于政府对其债权提供了隐性保险，从而降低了他们对银行风险承担行为的监督激励，进而导致了债权人市场约束的弱化，这又能鼓励银行更大的风险承担行为。

隐性保险是我国及世界上为数不多国家所特有的现象。目前，全球绝大多数国家都实行了显性的存款保险制度或实现了隐性保险向显性保险的体制性转变，这也诱发了人们对显性存款保险的丰富研究（如 Demirgüc-Kunt & Edward，2001；Demirgüc-Kunt & Huizinga，2004 等），而对隐性保险下的银行风险承担机理的理论研究寥寥。对我国隐性保险的操作现实只是偶尔散见于些许实证性的考察（张正平、何广文，2005；李燕平，韩立岩，2007 等），且人们在讨论隐性保险时，往往将其视为完全的隐性保险，即政府在实施隐性保险政策时或对问题银行进行救助时，不对银行类型和储蓄存款类型进行区别对待。然而，我们的分析表明，政府对不同类型的银行实行了不同的隐性保险策略，对四大国有银行是近乎完全的隐性保险政策，而对大多数中小银行则实行了不完全的隐性保险策略[①]。不同的隐性保险策略势必对不同银行的风险承担行为产生不同的激励作用，这正是本书要着力研究和试图揭示的问题。

---

① 政府对中小银行的个人储蓄实行了完全的隐性保险政策，而对其对公储蓄则实行了不完全的隐性保险政策或不予保险的政策，概言之，政府对中小银行实行了不完全的隐性保险政策。

对银行的风险承担行为，监管当局可通过以风险为基础的资本要求、存款保险定价、监督检查等手段来提高银行的风险承担成本，以此来约束银行更大的风险承担行为[①]。但如果监管当局完全排他性地依靠自身来实施对银行业的审慎监管，将面临众多实质性的挑战和困难，如：①随着银行业务的日趋精细化、复杂化和国际化等，实时监测和评估银行风险是件相当复杂和困难的事情。②单纯依靠政府监管难以实时"微调"银行的风险承担成本。监管当局通常倾向于根据银行违反某一目标规则或标准，而非基于对银行风险的主观评估的增加采取响应行动(Lang & Robertson, 2002)。倘若风险是复杂的，监管当局对银行风险轮廓的边际变化难以及时地制定目标规则或标准，而以风险为基础的资本要求和存款保险定价也只能对宽范围内的风险分类进行调整。③如果监管当局感觉"延迟"承认银行失败会带来政治或社会上的某种好处，就可能导致监管当局的监管宽容等。有鉴于此，监管当局越来越意识到排他性地依靠政府监管是件不经济的困难任务。如2004年的新巴塞尔协议就把以风险为基础的资本标准、监督检查和市场约束视为对银行业监管的三大支柱，鼓励更多的私人市场力量来监测和约束银行的风险承担行为(BCBS，2004)。在一系列关于增强银行市场约束的途径中，增强信息披露和强制性次级债要求

---

① 存款保险定价是针对显性存款保险制度而言的。存款保险定价主要有两种方式：一种是扁平型定价，即对所有银行都收取相同的保险费率。这种定价模式会导致银行保险市场的逆向选择(即低风险银行不参加存款保险，而高风险银行积极参加保险)与道德风险(扁平型定价相当于低风险银行补贴了高风险银行，增强了高风险银行获取补贴租金的激励，从而鼓励了高风险银行的风险承担行为)；二是风险型定价，它按照银行风险水平的大小来进行存款保险的定价。这种定价设计可以有效地增加银行的风险承担成本，降低存款保险所引致的道德风险激励。

(mandatory subordinated debts requirement)是两种最主要的手段,但人们对其市场约束机理和实际效果的研究普遍不多,这也是本书有待深入发掘和揭示的重要理论和现实问题。

1.2 相关概念的界定

1.2.1 风险承担行为

由 Black & Scholes(1973)期权定价理论可知,银行股权的价值是以其资产为标的,到期执行价格为其债务(含本息)的看涨期权。由看涨期权的性质还可知,随着银行资产波动性的提高,期权的价值是增加的,这表明银行有着更大的风险承担激励①。

Merton(1977),Curt et al.(2004)和 Herring(2004)等则从信息不对称和银行股东有限责任的视角来分析银行的风险承担激励。由于银行股东比债权人拥有更多的知情信息,股东有激励把银行的安全资产转化为风险资产,通过增加无力清偿的波动性(volatility of insolvency)来提高自身的或有要求权收益(contingent claims)。其根本原因在于银行股东和债权人有着不同的收益支付预期,银行股东的有限责任使其下侧风险(downside risks)暴

---

① 假设银行的到期债务总额为 D,股权资本为 C,总资产为 V,则由期权定价理论可知,银行股东的价值 $\mathrm{E}V=\mathrm{e}^{-rt}\mathrm{E}^{Q}[V_t-D|V_t>D]=V_0N(d_1)-D\mathrm{e}^{-rt}N(d_2)$,其中,$d_1=\dfrac{\ln\dfrac{V_0}{D}+\left(r+\dfrac{\sigma^2}{2}\right)t}{\sigma\sqrt{t}}$;$d_2=d_1-\sigma\sqrt{t}$。由银行股东价值易推 $\dfrac{\partial \mathrm{E}V}{\partial\sigma}=V_0\sqrt{t}n(d_1)>0$,故随着银行资产波动性的提高(或风险承担行为的提高),股东的价值是增加的,即银行股东有着更大的风险承担激励。关于银行风险承担行为的期权分析,可参见本书第 6 章的研究。

露有限,潜在的上侧收益(upside gains)无限——即超过承诺支付给债权人部分的超额收益,而债权人潜在的上侧收益有限。这种不对称的收益支付预期有可能鼓励银行在进行资产配置和风险资产投资时更大的风险承担行为。

对银行风险承担行为进行适当的评估和度量是件困难的事情,不同文献采取了形式多样的测度安排。如经典文献 Demirgüc-Kunt & Edward(2001),Demirgüc -Kunt & Huizinga(2004)和 Nier & Baumann(2006)等使用了能反映银行风险轮廓某一侧面的指标来测度银行的风险,但这种测度方法只能体现银行风险轮廓的某个层面,而不能相对“全面地”刻画银行的总体风险水平[①]。有鉴于此,Barth et al. (1985),Thompson(1991)和 Park(1995)等基于公共已知信息,使用 Logit 回归等技术来建立银行失败预测模型(或违约概率模型),从而将反映银行风险轮廓不同层面的风险指标进行了“集成”,用预期的违约概率作为对银行总体风险水平的测度安排,获得了较为理想的效果[②]。与 Logit 建模集成不同风险测度指标的做法相似,Imai(2006)使用外部评级机构对银行健康状况、财务状况、偿付能力的评级,作为对银行风险承担行为的测度安排;Krainer & Lopez(2003)则使用监管机构对银行的评级(如 BOPEC 评级)来测度银行风险。在对银行风险承担行为的经济建模中,Boot & Thakor(1993),Lee(2002)和 Blum(2002)等以银行投资项目的预期收益作为对银行风险承担行为的测度安排(投资

① 如基于银行会计信息构造能反映银行资本充足状况、资产质量、管理能力、盈利能力和流动性等指标,以此作为对银行风险的代理测度,但它们只能刻画银行风险轮廓的某一侧面。

② 也有部分文献采用了更加复杂的模型和估计方法,如比例危险模型(Whalen,1991;Molina,2002)、两步 Logit 模型(Thomson,1992)等。

项目的预期收益越高,其成功的概率越低)[①]。在基于或有权估值理论的银行风险承担行为的研究文献中,普遍都使用银行资产的波动性来测度银行的风险承担行为(Gorton & Santomero,1990;Schellhorn & Spellman,1996;Krishnan et al.,2005;Nivorozhkin,2005)。有鉴于此,本书将根据各章研究的需要,对银行风险承担行为也采取形式多样的测度安排。

1.2.2 市场约束

市场约束是一种以市场为基础的激励计划,如果银行债务市场的市场价格能对银行风险信息作出逆向反应,则债权人约束了银行更大的风险承担行为(Nier & Baumann,2006)。这是一种比较狭义的定义方式,它只提及了债权人的价格约束手段,而忽视了债权人的数量约束行为(如降低存款额、将存款从风险银行转移至安全银行等)。同时,它只提及了市场约束的存在性,即债务人是否对银行风险信息采取了市场约束行动,而没有提及市场约束的有效性或最终效果[②]。

根据Demirgüc-Kunt & Huizinga(2004)等人的精神,张强、佘桂荣 (2006)则给出了相对广义的市场约束定义:银行存款人、债权人、股东及其交易对手等利益相关者处于对其自身利益的考虑,会在不同程度上关注银行的经营和风险状况,并根据其掌握的信息以及对这些信息的判断,在必要时采取一定的措施,影响与该银行

---

① 他们假定银行投资的风险资产(或投资项目)具有以下的回报分布,它以 p(R)的概率获得投资回报 R,以 1−p(R)的概率获得投资回报 γ(或 0)。并假设 p(R)<0,即项目的投资回报越高,项目成功的概率就越小,也就是说,R 可以作为风险资产风险类型的代理变量。在本书第 2 章和第 3 章,我们就使用了这种对银行风险承担行为的测度办法。

② 即债权人的市场约束行动最终能否导致银行风险承担行为的降低。

有关的利率和资产价格，从而通过金融市场对该银行的经营产生约束作用，最终把管理落后或不稳健的银行逐出市场，迫使银行安全稳健经营。

同样，张强、佘桂荣（2006）的定义也没有提及数量约束，但它几乎囊括了市场约束的所有基本要素：①市场约束的主体是银行利益相关者，如存款人、银行未保险负债的债权人、股东等。鉴于经典文献一般都从银行债务市场和银行债权人的角度来研究市场约束问题，本书仍将延续这一表述。②市场约束的方式是多样的，银行债权人可以通过价格约束或数量约束的方式来限制银行更大的风险承担行为。③市场约束是银行债权人自主的约束行动，银行债权人基于对银行风险信息的掌握，以及对这些信息的敏感判断而采取的一种行为反应。这里，它至少涉及两个方面的问题，一是银行债权人必须能够观测到银行的风险水平或风险轮廓，也就是说，银行要合理地披露其风险信息；二是银行债权人要对银行的信息披露给予敏感的评价，但他们对银行风险信息的评价受到了政府安全网对银行保护程度的重要影响，如政府隐性保险会在某种程度上降低债权人对银行风险信息评价的敏感性，从而“抵消”了债权人采取市场约束行动的激励。④市场约束行动对银行要有成本启示（cost implication），能激励银行采取措施改善管理，降低风险，此即市场约束的“公司治理”效应。

1.3 市场约束的作用机理

Nier & Baumann（2006）认为要使市场约束有效必须满足三个条件：①市场必须有足够的信息来度量银行风险；②银行债权人必

须意识到，当银行出现支付危机或破产时，其资产有损失的风险；③银行对债权人的市场约束行动有成本启示。也就是说，市场约束的有效性至少取决于以下三个关键性条件：市场上银行风险信息的可得性；政府安全网对银行业的保护程度；银行未保险负债的程度[①]。

Flannery(2001)和 Hamalainen et al.(2005)将市场约束过程分成两个阶段：监测阶段和控制阶段。在监测阶段，储户随时监测银行的风险轮廓，并根据银行风险特征的变化调整储蓄利率或储蓄数量，前者即为市场约束的价格效应；后者为数量效应(Park & Peristiani, 1998)。该市场约束过程隐含了两个重要前提：一是市场监测的存在，即储户能正确地理解银行风险特征的变化，并将对银行风险的评价反馈到银行债务的定价或交易中去。二是市场影响的存在，即债权人的市场约束行动能使银行作出响应，鼓励其采取措施改善管理，降低风险。

借鉴 Flannery(2001)和 Hamalainen et al.(2005)对市场约束阶段的划分方法，我们可对市场约束的作用机理进行如下阐述(见图 1.1)。在监测阶段，信息披露给债权人提供了识别和度量银行风险的机会，如果债权人对政府隐性保险的政策预期不强的话，债权人就会对银行的风险承担行为采取必要的约束行动，则市场约束存在。在控制阶段，如果银行对债权人的市场约束行动有成本

---

① 市场约束的有效性至少取决于以下三个关键性条件：①市场上银行风险信息的可得性。银行对其风险轮廓的信息披露越多，通常伴随着更大的市场约束，进而更强地约束了银行过度的风险承担行为。②政府安全网对银行业的保护程度。政府显性的或隐性的存款保险制度都会降低债权人对银行风险信息的敏感性，从而弱化了债权人对银行风险承担行为的约束作用。③取决于银行未保险负债的程度。银行未保险负债的比例越高，银行提高风险的成本压力就越大(Nier & Baumann,2006)。

启示，并采取措施降低其风险，则市场约束有效；但如果银行对债权人的市场约束行动没有成本启示，并不采取措施降低其风险，则市场约束仍无效。

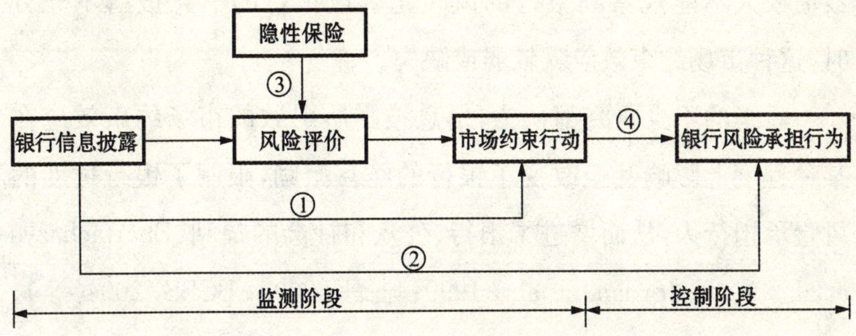

图1.1 市场约束的作用机理

注：①债权人是否对银行的风险信息采取了市场约束行动；②市场约束最终能否降低银行的风险承担行为；③外部环境（如政府隐性保险政策）对市场约束和银行风险承担行为的影响；④市场约束的“公司治理”效应。

1.3.1 信息披露对市场约束的影响

信息披露是债权人感知和评价银行风险的前提，它对市场约束机制的启动具有重要意义（Berger & Davies，1998；Jagtiani & Lemieux，2001）。银行披露关于其风险轮廓的信息越多，通常伴随着更大的市场约束，进而更强地约束了银行的风险承担行为。Cordella & Yeyati（1998）对银行信息披露的“承诺效应（commitment effects）”的研究发现：在完全信息披露情况下，银行的风险选择是可观察的，客户能够以高利率来“惩罚”银行更高的风险选择，则均衡时银行选择低风险，客户要求低利率；在没有信息披露的情况下，客户不能观察到银行的风险选择，客户不能以高利率来“惩罚”银行更高的风险选择，则均衡时银行选择最大风险，客户预期到银行的这种风险承担倾向,从而要求相应的高利率来补偿其风险预期。这表明银行向市场披露关于其风险轮廓的信息越多,市场约束应越强,从而均衡时的银行违约风险就越小。相反,当储户或债权人不能观察到银行的风险轮廓或银行的信息披露不充分时,这种市场约束效应就较弱或缺失。

后续的不少研究都认为,信息披露所引致的市场约束效应在某种程度上影响甚至改变了银行的经营激励,限制了银行过度的风险承担行为,从而增进了银行、公众和社会的福利(Bhattachazya et al., 1998; Jordan et al., 1999; 陆磊, 2000; BCBS, 2004 等)。Bhattachazya et al. (1998)认为银行对公众的信息披露有利于银行的审慎经营,并降低了银行破产的可能性。Jordan et al. (1999)的实证研究表明,在银行危机时期,问题银行的信息披露不但没有进一步恶化金融稳定,相反通过提供约束条件使金融市场运作更有效率。陆磊(2000)通过定量模型指出,银行信息披露有助于监管当局监管效率的提升和社会福利的改进。除了理论界的大力倡议外,最近的监管实践也越来越重视信息披露在增强市场约束,维护金融稳定方面的重要作用。如巴塞尔委员会就把增强信息披露、提高透明度和市场约束看做重要的监管工具,鼓励银行业更大的信息披露以增强市场约束(BCBS,2004)。

1.3.2 市场约束的存在性

根据市场约束的定义,可分别从市场约束的主体(如储户、未保险债权人、次级债债权人等)、市场约束的方式(如提高利率、降低存款额、将存款从风险银行转移至安全银行等)和市场约束发生作用的市场(如存款市场、次级债市场、资本市场等)等多维度来考察其存在性。简言之,检验市场约束的存在性,也即要检验银行债务市场的债权人是否对银行风险信息采取逆向的约束行动。

绝大部分文献都从银行未保险负债(如定期大额存单或定期大额储蓄、次级债等)的角度来研究市场约束的存在性。Baer & Brewer(1986),Hannan & Hanweck(1988),Brewer & Mondschean(1994)和 Park(1995)等发现定期大额存单利率随着银行风险的增加而显著增加。Ellis & Flannery(1992)将定期大额存单利率的变动与银行股价波动的消息联系起来,发现定期大额存单利率一般会随着市场对银行风险预期的变化而变化。

Avery et al.(1988)和 Gorton & Santomero(1990)通过对1983~1984 年间次级债价差的研究发现,次级债价差对银行会计风险测度不敏感。Flannery & Sorescu(1996)的研究也发现,在1983~1984 年间,银行层面的风险测度不能解释次级债的风险溢价;但当将样本期扩展到 1989 年以后,银行风险测度与次级债价差之间却存在显著的正相关关系。他们认为产生这种现象的原因有二:一是政府此间承诺要结束其“大而不倒”的隐性保险政策;二是《联邦存款保险改进法》于 1991 年实施,这两项政策的改变增强了未保险债权人对银行风险的敏感性,从而出现了市场约束。

Imai(2006)和张正平、何广文(2005)等从银行存款市场的角度来研究市场约束的存在性。Imai(2006)对日本政府降低储蓄保险覆盖率的研究发现,改革增强了银行存款市场的约束效应,但“大而不倒”的隐性保险政策预期部分地“抵消”了储蓄保险改革对市场约束的正向效应。张正平、何广文(2005)对我国 14 家主要商业银行1994~2003 年的实证研究发现,我国银行业的市场约束力度非常微弱,在大多数情况下,银行的实际利息支出对其风险变化没有作出显著的反应，这种“反应迟钝”现象在不同性质的银行间几乎没有差异，他们认为这与国家隐性保险几乎覆盖所有银行密切相关。

也有部分文献试图从银行债务市场的交易数量，即银行资金的可得性方面来检验市场约束的存在性①。大多数实证研究表明，当银行条件恶化时，数量约束提供了存款者对银行风险承担行为的约束证据。Gorton & Pennacchi(1990)的统计分析揭示预期有问题的银行其存款增长会放慢。Park(1995)和 Park & Peristiani(1998)的研究表明，在 20 世纪 80 年代，单个美国储贷机构的存款增长与其估计的违约概率负相关，这表明风险更高的储蓄机构有更小的存款增长。Peria & Schmukler(2001)发现，阿根廷、智利和墨西哥银行的存款能对基于会计数据的风险指标作出逆向反应，智利的存款保险似乎最可信，未保险存款者是银行风险的有效监督者。Calomiris & Wilson(1998)通过考察 1920～1930 年纽约市的银行样本发现，存款者能够成功地根据风险程度对银行进行区分，从而将资金转移至更为安全的银行②。

市场约束的检验视角是多维度的，且绝大部分文献都倾向于支持：当政府隐性保险的政策预期不强时，银行债务市场存在一定的市场约束。不同文献之所以得出了一些似乎矛盾的结论，这可能源于它们所采用变量的不同构造方法、不同研究体系和研究背

---

① 反映银行资金可得性的指标如：存款增长率、次级债的发行数量、能否顺利发行次级债等。

② 以上均从银行债务市场(如存款市场、CDs 市场、次级债市场等)的角度来研究市场约束的存在性，这也是对市场约束存在性最常见的研究视角，但也有部分文献从银行资本市场(如股票)的角度，来考察股东是否对银行的风险承担行为施加了一定的市场约束。如 Gilbert(1990)的综述研究发现，在 11 篇关于银行股东的市场约束文献中，有 10 篇找到了银行股价与风险测度之间存在关系的证据。

景(如时代背景、体制背景、市场环境等)。但有几点是共性的:①市场约束的存在性在很大程度上取决于银行债权人能否对银行风险信息保持敏感的评价。当政府对银行业的保护力度较弱时(如取消"大而不倒"的隐性保险政策,实施不完全的隐性保险政策,政府储蓄保险机构的清偿力不足等),银行债权人对其债权的违约风险的敏感性增强,他们更可能采取市场约束行动。②对具有相当规模和流动性的债务市场(如次级债市场)和资本市场(如银行股权市场),机构投资者能对银行的风险承担行为施加更有效的市场约束。当市场具有足够大的规模和流动性时,市场能更有效地生产和传递银行风险信息;同时,机构投资者也有收集和处理银行风险信息的比较优势和激励动力,他们能更有效地影响银行的经营决策和风险承担行为[①]。③既有文献通常都在显性存款保险的制度背景下来考察市场约束的存在性,对隐性保险体制下的市场约束问题关注较少,这与显性保险制度在全球范围内的盛行是密不可分的[②]。

① 通常,次级债债权人是一种有动力和能力来约束银行风险承担行为的机构投资者。次级债投资者面临着比一般储户(即高级债债权人)更大的银行违约风险,当银行破产时,银行的剩余财产首先要满足一般储户的偿付要求,然后再偿付次级债债权人。也就是说,次级债投资者的偿付义务要劣于一般储户。次级债条款这样设计的目的:一是保护广大弱小储户的根本利益,维护市场信心和金融业的稳定;二是发挥次级债投资者对银行风险承担行为的市场约束作用。因为次级债的期限较长,没有担保、抵押,不允许提前赎回,较低的偿付顺序等,所以次级债投资者有更迫切的愿望来对银行的总体风险进行适当地评估,以作出是否购买、购买多少、以多少价格购买次级债的决策,从而通过价格约束或数量约束的方式来限制银行更大的风险承担行为。

② IMF对全球存款保险制度现实的一项调查发现,在72个被调查的主要国家中,有68个国家的法律和规则是显性定义的(Garcia,1999)。亚洲金融危机更是推动了显性存款保险在全球的迅速推广,在最近的26年中,提供显性存款保险的国家数量几乎是原来的3倍,在外国专家对发展中国家金融结构提出的政策建议中,也以建立一套显性存款保险体系为主要特征(Garcia,1999)。

1.3.3 隐性保险对市场约束的影响

隐性保险能增强公众对银行体系的信心，同时，又不必提高或扩大政府现有的财政负担，从而达到以较低的成本稳定银行业的目的。但政府隐性保险会产生如下的行为反应：①隐性保险导致银行在选择高风险的资产组合时，无需支付较高的利率以补偿存款人的额外风险，从而鼓励了银行的风险承担行为。②隐性保险降低了债权人对银行风险承担行为的监督激励，导致了债权人市场约束的弱化。由此可见，隐性保险导致了存款人市场约束的弱化，可能鼓励了银行更大的风险承担行为[①]。

从本质上来说，债权人对银行违约风险的判断受到两个因素的决定性影响：一是银行本身的风险状况或风险承担行为；二是政府安全网对银行业的保护程度，在我国主要表现为隐性存款保险。Nier & Baumann(2006)的实证研究表明未保险储蓄降低了银行的风险承担激励，但当银行享有更高的政府支持时，未保险储蓄的市场约束作用有所降低。Imai(2006)对日本政府降低储蓄保险覆盖率的改革的研究表明，改革增强了银行业的市场约束和信息披露，但“大而不倒”的隐性保险政策预期成为改革后存款利率和储蓄资源配置的一个更加重要的决定因素。Rajan & Diamond(2001)认为尽管隐性保险降低了储户对银行的市场约束，但如果出现恐慌性银行挤兑或总体流动性短缺的概率为正，则隐性保险的收益要

① 从理论上来讲，当政府对银行实施完全的隐性保险政策时，这会“完全抵消”储户(或债权人)的市场约束激励，即此状态下的市场约束效应完全缺失；当政府对银行实施不完全的隐性保险政策时，这会“部分地抵消”了储户的市场约束激励，即弱化了市场约束效应。关于完全隐性保险和不完全隐性保险对银行风险承担行为和市场约束的影响，可分别参见本书第2章与第3章的研究。

大于市场约束降低的成本[①]。

1.3.4 市场约束的公司治理效应

Berger(1991)认为市场约束可能迫使银行改进其效率或从金融业退出,并称之为市场约束的"公司治理"效应。Hamalainen et al.(2004)认为,如果市场约束是有效的,这种对成本和资金可得性的调整能诱导银行作出反应,鼓励银行采取措施降低其风险水平。但Bliss & Flannery(2002)对价格的风险敏感性是否足以影响银行管理层决策的研究却发现,银行债券和股票收益的异常变化并没有伴随管理层对上述决策的积极变化,从而得出金融市场信号不足以有效影响银行行为的结论。而Goyal(2005)对银行次级债市场约束的研究发现,在次级债合约中增加严格的限制性条款能降低银行的风险承担行为。Hamalainen(2004)还专门研究了次级债的设计与发行特征对其"公司治理"效应的影响。由此可见,债权人对银行风险的行为反应通常还难以"诱导"银行采取相应的响应

---

① 国内对存款保险制度的研究兴趣始于1997年的亚洲金融危机,在危机时期,危机各国纷纷建立了存款保险制度或完成了从隐性保险向显性保险的转变,这一举措对维护当时的金融稳定起到了一定的积极作用,这也激发了国内对存款保险问题的广泛关注(如:何光辉,2003;张正平、何广文,2005;吴军、邹恒甫,2005;张伟,2005;杨谊,等,2006;张玉梅、赵勇,2006等)。吴军、邹恒甫(2005)认为由隐性存款保险向显性存款保险的转变可以有效地提高银行业的监管水平,减少道德风险的产生。张伟(2005)认为,以风险预警机制替代市场监控能较好地解决存款保险制度无法解决的信息不对称问题,为存款保险降低道德风险创造条件;在隐性担保机制普遍存在的情况下,当预警机制能够充分披露信息、非存款债权人被排除在存款保险体系之外是可信的,政府或存款保险机构提供救助的补偿率相对较低时,存款保险制度有可能降低银行道德风险。杨谊等(2006)指出在当前中国隐性存款保险机制下,资本充足率监管是低效的。在固定比例资本充足率监管机制下,补充资本的成本越低,银行冒险行为越高。张玉梅、赵勇(2006)证明了当银行特许权价值较低、显性存款保险制度的可信性较高和被保险存款(占负债总额)的比例较高时,从隐性保险向显性保险的转变有助于降低银行的道德风险。

行动，只有面临较大银行违约风险的机构投资者（如次级债投资者）才有足够的激励采取事前合约的方式，来刚性地约束银行更大的风险承担行为。

1.4 研究框架

由市场约束的作用机理可知：在监测阶段，信息披露是债权人识别和度量银行风险的前提，如果债权人对政府的隐性保险政策预期不强的话，债权人就会对银行的风险承担行为采取必要的约束行动，此阶段主要是检验市场约束的存在性。在控制阶段，如果银行对债权人的市场约束行动有成本启示，并采取措施降低风险，则市场约束有效；但如果银行对债权人的市场约束行动没有成本启示，并不采取有效措施来降低其风险水平，则市场约束仍无效。对银行的这种低弹性，甚至是无弹性反应，存款人本身通常“无能为力”，只有监管当局才能凭借其监管权力对银行采取有效的“惩治”行动。但需要指出的是，本书的目的不是研究监管当局如何通过追加资本要求、监督检查等手段来约束银行，而是如何通过增强市场约束本身（如增强信息披露、强制性次级债要求）来限制银行更大的风险承担行为。进一步地，图 1.2 给出了银行风险承担行为的市场约束机理的研究框架。

1.4.1 市场约束的存在性

关于市场约束的存在性，不同文献使用了不同方法、对不同国家和不同时间维度进行了丰富的研究，但对基于隐性保险体制下的我国银行业的市场约束的研究不多，张正平、何广文（2006）是个

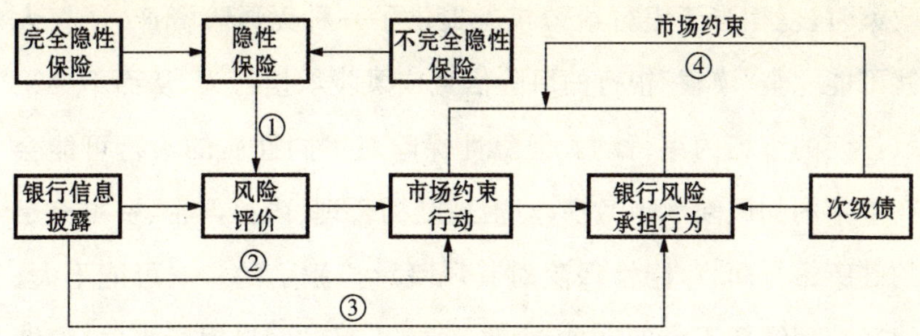

图 1.2 银行风险承担行为的市场约束机理的研究框架

注：①研究政府隐性保险（完全隐性保险、不完全隐性保险）对银行风险承担行为和市场约束的影响；②检验市场约束的存在性；③研究银行信息披露的市场约束效应及其环境依赖性（如隐性保险对信息披露的市场约束效应的影响；银行对来自市场的约束行动的行为反应，由于数据可得性的限制等，本书将不研究银行的行为反应）；④研究如何增强市场约束（如增强银行的信息披露、引入次级债）来限制银行更大的风险承担行为。

代表。但张正平、何广文(2006)只研究了我国 14 家主要的大中型商业银行的价格约束问题，且使用了只能体现银行风险轮廓某一侧面的风险指标来测度银行风险，这种测度方法不能相对完整地刻画银行的总体风险水平，不同风险变量的选择势必对模型的估计结果产生较大的影响，进而影响到对问题本质的解释。为此，有必要建立银行失败预测模型(或违约概率模型)，将反映银行风险轮廓的不同层面的风险信息"集成"起来，从而获得银行预期的违约概率，以此来测度银行的总体风险水平，进而检验不同类型银行的市场约束存在性和市场约束行为(如价格约束、数量约束)。

1.4.2 隐性保险对银行风险承担行为和市场约束的影响

隐性保险降低了债权人对银行风险信息的敏感性，从而弱化了债权人采取市场约束行动的激励。当政府提供完全的隐性保险政策时，就相当于银行给债权人提供了一种无风险资产，债权人就可能完全“漠视”银行的风险信息或风险承担行为，从而不会采取任何的市场约束行动。但隐性保险对不同性质的银行可能会产生不同的风险承担激励，对治理结构合理、内控严密、资本充足的健康银行而言，隐性保险对其风险承担激励的影响可能不大；但对治理结构不合理、内控松散、资本不足的问题银行来说，隐性保险则能鼓励其在不利条件下的“赌博经营”和风险承担行为。隐性保险对不同银行风险承担行为的不同激励方向和激励强度，对不同银行风险选择的激励条件与边界等都是有待研究的重要课题①。

通过对既有文献的整理与回顾，我们发现人们在讨论隐性保险时往往将其视同为完全的隐性保险，不对政府隐性保险的操作实践进行任何有效的区分(如 Nier & Baumann，2006； Imai，2006；张正平、何广文，2005 等)。然而，为减小隐性保险可能引发的道德风险问题，政府对任何系统性的重要银行危机都会谨慎地采取任何官方的正式救助行动。在银行危机管理时期，政府对问题银行

① 主流的观点认为，隐性保险产生了不容忽视的道德风险问题，鼓励了银行业的风险承担行为(张正平、何广文，2005；张玉梅、赵勇，2006)。但也应该看到的是，在我国渐进改革的过程中，政府动用“国家信用”向国有银行提供隐性保险是银行不断获取储蓄资源，实现国家对金融资源的控制和对国有经济发展的支持的重要保证(张杰，2005；2007)。正是隐性保险的存在，才使得我国银行业长期在较低的资本充足水平下(低资本、高坏账等)“正常经营”而不发生挤兑危机或破产，并完成了吸收储蓄支持经济发展的“国家使命”，从这个意义上来讲，这种基于国家信用的隐性保险对经济发展的贡献巨大。但与此同时，基于国家信用的隐性保险机制，也可能存在着严重的道德风险，弱化了市场约束，鼓励了银行业的风险承担激励和过度的冒险行为，侵蚀了银行业大量“显性的资本基础”，从而不断形成巨额的不良资产。我国银行业这种低资本、高风险运营，国家不断注资又不断侵蚀资本的循环往复路径，就是所谓的基于政府隐性保险的“国家信用悖论”。截至今日，还没有理论文献正面回答这个重要的现实问题，但在银行风险承担行为的市场约束机理的整体研究框架中，我们能给予应有的理论解释。

的救助往往采取一种“建设性模糊(constructive ambiguity)”的态度(Freixas,1999;Goodhart & Huang,2005)。因此,从市场参与者的角度来看,政府对问题银行的救助是不确定的,它取决于问题银行本身的重要性和政府所关心问题(Nier & Baumann,2006)。也就是说,政府对问题银行的储蓄存款更倾向于采取一种不完全的隐性保险策略,是希望以一种“建设性模糊”的救助方式,达到弱化银行和其债权人再次获得救助的预期,鼓励债权人对银行的风险承担行为施加一定的市场约束。

既有文献这种不对政府隐性保险的操作实践进行区分的做法,未能考察不同隐性保险方式对不同银行风险承担行为的不同作用机理,这与我国政府对中小型银行的隐性保险实践不符。基于现实和理论的需要,我们有必要对政府隐性保险的操作实践进行区分,分别考察完全隐性保险和不完全隐性保险对市场约束和不同银行风险承担行为的不同作用机理,并比较研究两种隐性保险的政策效果及其环境依赖。

1.4.3 信息披露的市场约束机理与效应

既有文献对市场约束的存在性关注较多,而对市场约束有效性的研究明显不足。由于在市场约束的作用路径中,信息披露对市场约束机制的启动有着重要的意义,研究信息披露对市场约束和银行风险承担行为的影响,进而考察市场约束的最终效果及其环境依赖,是研究市场约束有效性的重要途径。但银行信息披露的市场约束有效性还受到如下两个关键机制的决定性影响:一是政府隐性保险对市场约束存在性的影响;二是市场约束“公司治理”效应的存在性。如果实证研究表明,信息披露能显著提高市场约束，降低银行的风险承担倾向，这说明一方面隐性保险所引致的债权人的道德风险不强，即债权人对政府隐性保险的政策预期不强，他们能对银行的风险信息给予敏感的评价，并采取了相应的市场约束行动；另一方面，银行对来自市场的约束行动也保持了较高的敏感性，并采取了有效的行动来降低其风险。但如果实证研究不能找到信息披露能改进市场约束，改善银行"公司治理"的证据，则可以推断，由于制度环境的不合理或缺失等，单纯的"市场机制"还难以有效地约束银行的风险承担行为。为发挥市场对银行风险承担行为的约束作用，还须对现有的相关市场机制进行针对性的改革，或转而依靠强有力的法定监管来实施。

1.4.4 如何增强市场约束来限制银行更大的风险承担行为

Hamalainen(2006)认为，尽管市场约束本身不能提供充分的"控制"机制，监管当局对实施或应用市场约束也有不少的犹疑，但没有充分的证据去预期监管当局能可置信地排除所有的市场因素。在既有的监管框架中，引入市场约束因素能产生不少积极的社会收益，如：①市场约束能通过增加银行风险成本的方式，在某种程度上降低了政府隐性保险的道德风险激励（Peria & Schmukler，2001）。②市场能比监管当局更迅速地采取行动，这有助于降低监管宽容和银行业的系统性风险（Peria & Schmukler，2001）。③市场约束信号有助于监管当局采取及时的监管行动，提高监管当局的监管效率（Hamalainen，2006）。例如，银行未保险负债的二级市场价格或未能发行新的未保险负债（如次级债），为监管当局的监督检查、存款保险定价、资本要求等提供了有价值的早期预警信号，从这个意义上来讲，市场信息使稀缺的监管资源配置更有效(Berger,1991)。由此可见,尽管市场约束不能提供充分的"控制"机制,但其在监测阶段的约束行动和信号释放功能,有助于"惩罚"银行过度的风险承担行为,有助于监管当局监管宽容的降低和监管效率的提升。这说明最优的监管设计应该是两种制度的混合与互补,而不是一种制度对另一种制度的替代或摒弃(Decamps et al.,2004;Hamalainen,2006)。然而,在监管当局的监管框架中,如何引入市场约束,如何增强市场约束的效果等都是摆在各国监管当局和理论界面前悬而未决的重要课题。

在增强市场约束的作用途径中,增强信息披露(或提高银行经营的透明度)和引入次级债是两种最主要的方式。对信息披露的市场约束效应及其相关机理,前文已有论述。既有文献对次级债的市场约束机理关注不多,绝大部分文献都在实证研究欧美次级债市场的市场约束存在性,且找到了存在市场约束的证据(如 Covitz et al.,2000;DeYoung et al.,2001;Evanoff & Wall,2001;Hancock & Kwast,2001;Evanoff & Wall,2002;Gropp & Vesala,2002;Goyal,2005)①。然而,很少看到有文献从理论层面来探讨次级债作为一种市场约束激励机制的有效程度或内在机理,本书将对此进行有益的探索与补充。

① 对20世纪90年代后期美国次级债市场的实证研究,基本都找到了存在市场约束的证据(如 Covitz et al.,2000;DeYoung et al.,2001;Evanoff & Wall,2001;Evanoff & Wall,2002;Goyal,2005)。然而,Avery et al.(1988)和 Flannery & Sorescu(1996)对1983~1984年间美国次级债价差的研究却发现,银行层面的风险测度并不能解释次级债的风险溢价,他们认为这与次级债债权人此间的"大而不倒"的隐性保险预期有关,隐性保险预期降低了次级债债权人对银行风险信息的敏感性,从而弱化了次级债的市场约束效应。Gropp & Richards(2001)对欧盟1989~2000年间次级债价差的研究却没有找到存在市场约束的证据;但 Gropp & Vesala(2002)和 Sironi(2003)的研究支持欧盟次级债市场存在市场约束效应,他们分别使用了1991~1998年和1991~2000年两个不同的时间段。

1.5 研究方法与创新

1.5.1 研究视角

本书通过对市场约束和银行风险承担行为的相关文献回顾，给出了隐性保险体制下的我国银行业风险承担行为的市场约束机理的系统研究框架，这个框架能将众多复杂的理论和现实问题集于一体，从而为我们探索和研究我国银行业的风险承担行为与市场约束治理机制提供了清晰、统一的逻辑脉络。

基于我国既有的隐性保险体制背景，我们研究了政府各种隐性保险政策对不同银行风险承担行为的不同作用机理，并分别从理论层面和现实层面对银行风险承担行为的市场约束机理进行了系统的考察。在增强市场约束的作用途径中，我们重点研究了信息披露和次级债对银行风险承担行为的市场约束机理。

1.5.2 研究方法

本书不囿于经验式的研究范式，我们提倡通过经济建模的方式来规范表述银行的风险承担行为（或风险承担激励），这能使我们的推理更加严谨、逻辑更加一致、理论更加规范。但要指出的是，我们所提倡的经济建模是有别于纯粹的数理建模，我们不仅重视理论和数学表述的优美性、严密性和逻辑性，更加重视对模型的经济诠释和对现实问题的解决。我们基于既有的经济背景或体制背景，进行结构化的抽象和行为假设，通过规范的数理表述和缜密的逻辑推理来呈现市场主体的经济行为，并给予其经济解释，得出政策含义或政策启示。如在本书第2章和第3章，我们就使用了经济建模的方式，分别研究了政府完全隐性保险政策和不完全隐性保险政策对银行风险承担行为的影响，解释了诸如“国家信用悖论”等经济现象，得出了诸多有启发的政策含义。在第6章，我们基于或有权估值理论，对次级债债权人的市场约束激励也进行了相似的经济建模。我们还能对既有的政策实践进行抽象，并研究这些政策实践对次级债市场约束的影响，如监管当局的法定最低资本要求对次级债市场约束的影响，次级债计入附属资本的比例对其市场约束的影响等。

本书坚持经济建模与计量建模相结合的研究范式。在给予银行风险承担行为和次级债市场约束机理以数理演绎的同时，我们还对我国银行业的风险承担行为进行了规范的实证研究。如第4章实证研究了银行信息披露与其风险承担行为之间的关系，第5章实证研究了我国城市商业银行的市场约束行为。

1.5.3 研究工具

本书运用的理论工具主要有：微观经济学、微观银行理论、面板计量经济学、博弈论、随机分析、资产定价等。大部分章节都综合运用了多种理论方法和计算工具(如R、Stata)，具体见表1.2：

表1.2 本书研究方法与研究工具

章 节	研究方法	研究工具
第1章	规范研究	微观经济学、银行理论等
第2章	经济建模	博弈论、微观经济学、优化方法、银行理论等
第3章	经济建模	博弈论、微观经济学、优化方法、银行理论等
第4章	计量建模	面板计量、银行理论、Stata等

(续表)

第5章	计量建模	面板计量、银行理论、Stata等
第6章	经济建模	随机分析、资产定价、银行理论、R等
第7章	规范研究	微观经济学、银行理论、面板计量、Stata等

1.5.4 主要创新

本书通过对银行风险承担行为和市场约束相关文献的回顾,给出了我国银行业风险承担行为的市场约束机理的系统研究框架。我们分别考察了完全隐性保险政策和不完全隐性保险政策对不同银行风险承担行为的不同作用机理。我们的研究表明,政府隐性保险政策对健康银行的风险选择具有“屏蔽”效应,但在某种程度上会激发问题银行的风险承担激励,那么,该如何约束问题银行的这种风险承担激励呢?通常,法定监管和市场约束是两种最主要的银行风险承担行为的外部治理途径,但本书的目的不是研究监管当局如何通过追加资本要求、监督检查等手段来约束银行,而是强调如何通过增强市场约束本身(如信息披露、强制性次级债要求等)来限制银行更大的风险承担行为。概言之,本书的主要创新点有:

1) 研究了政府不同隐性保险政策对不同银行风险承担行为的不同作用机理

在一个两期经济的框架内研究了完全隐性保险政策对银行业风险承担行为的影响,给出了完全隐性保险对不同银行风险选择的激励条件与边界,并对基于政府隐性保险的“国家信用悖论”给予了理论解释。我们的研究发现:政府完全隐性保险并不必然鼓励所有银行的风险承担行为,它只是可能地鼓励问题银行的风险承担激励。政府隐性保险对问题银行的风险承担激励取决于银行自身的资产负债(或资本充足)状况和实体经济的微观基础。当实体经济缺乏竞争性的微观基础时,政府隐性保险越有可能鼓励了问题银行的整体性风险承担行为。

鉴于既有文献不对政府隐性保险的操作实践进行任何的区分,未能考察不同隐性保险方式对不同银行风险承担行为的不同作用机理的现实。在本书第3章,我们将政府隐性保险分别划分为完全隐性保险和不完全隐性保险,比较研究了两种隐性保险的政策效果与环境依赖,研究了不完全隐性保险对银行业风险承担行为的影响,给出了不完全隐性保险对不同银行风险选择的激励条件与边界。我们的研究发现:不完全隐性保险对健康银行的风险选择具有“屏蔽效应”;在一定的条件下,不完全隐性保险能降低问题银行的整体性风险承担激励,但其效果取决于受保险的消费者类型和实体经济的微观基础。当银行业现有的风险承担倾向较高时,政府不完全的隐性保险政策要优于完全的隐性保险政策。

2) 研究了银行信息披露的市场约束机理与效应

在一系列增强银行市场约束的途径中,增强信息披露和强制性次级债要求是两种最主要的手段。传统观点认为,银行披露关于其风险轮廓的信息越多,通常伴随着更大的市场约束。但我们的研究表明,信息披露最终能否发挥对银行风险承担行为的约束作用,取决于以下两个关键机制的作用:第一,银行债权人对政府隐性保险的预期不强,对银行风险信息保持了较高的敏感性,从而有激励采取市场约束行动。第二,银行必须对来自市场的约束行动有成本启示和行为反应,从而激励其采取措施改进管理,降低风险。本书运用我国14家主要商业银行2000~2008年间的数据,实证研究了银行信息披露与其风险承担行为之间的关系，但没有证据表明信息披露能起到降低银行风险承担行为的作用，这或许与我国银行业特定的制度背景和市场环境有关。我国政府对银行存款普遍的隐性保险倾向可能地降低债权人的风险敏感性，扭曲了债权人的市场约束激励，导致了其市场约束的弱化。同时，银行业不强的市场与成本意识，使之即使观测到了来自债权人的市场约束行动，也未必有激励采取相应的响应行动。研究表明信息披露能否发挥其市场约束功能尚需有相应的制度基础和市场环境，只有当金融体系的市场化程度较高，且银行能充分有效地披露其风险信息时，来自债权人的市场约束行动才能真正发挥对银行风险承担行为的约束作用。

3）实证研究了我国城市商业银行的市场约束行为

本书通过建立银行违约概率模型的方式，“集成”了能反映银行风险轮廓不同层面的风险信息，用预期的银行违约概率来测度银行的总体风险水平。我们不仅从价格约束层面，还从数量约束、外部环境对市场约束的影响等视角，研究了隐性保险体制下的我国城市商业银行的市场约束行为。我们的研究发现：①我国城市商业银行的储蓄市场不存在显著的价格约束效应，但没有证据表明一定不存在数量约束效应。②政府隐性保险对银行债权人的价格决策和数量决策均有着显著的影响，且价格决策比数量决策、短期储蓄比长期储蓄受到了政府隐性保险更大的影响。③省会城市城商行的市场约束力度要弱于非省会城市城商行。

4）研究了次级债的市场约束机理

基于或有权估值理论，我们给出了银行利益相关者（银行股东、高级债债权人、次级债债权人）价值的定价公式，研究了次级债作为一种市场约束激励机制的有效程度或内在机理。我们的研究发现:①次级债在银行负债结构中充当了“资本使用”的角色,在银行的负债结构中引入次级债,并不影响银行股东的价值和风险承担激励。②当银行的资产负债水平处于一定的安全边界之内时,随着银行风险承担行为的提高,次级债债权人会在某种程度上补偿高级债债权人。③在银行的负债结构中引入次级债,不一定能起到约束银行风险承担行为的目的,它取决于银行既有的资本充足水平。监管当局在允许或强制商业银行发行次级债时,应考虑到银行风险承担行为与次级债市场约束之间的内在关系。对资本不足的银行而言,鼓励或强制其发行次级债通常不能起到约束银行风险承担行为的目的,因为此状态下的次级债债权人和银行股东有着基本相同的风险偏好;对资本充足的银行而言,发行次级债通常能起到约束银行风险承担行为的目的。④监管当局的法定最低资本要求有可能导致银行有能力支付而未支付次级债债权人的情况发生,从而过度地增加了次级债债权人的风险暴露,增强了次级债债权人对银行风险承担行为的“容忍”与“漠视”,牺牲了次级债的市场约束功能。本书的研究为监管当局是否要引入次级债,如何引入次级债等提供了一定的理论依据。

5) 比较研究了我国银行次级债市场的激励结构与约束功能

本书还对次级债的激励结构与市场约束治理机制进行了回顾与总结,研究了次级债债项设计对其市场约束激励与功能的影响,分析了次级债的各种市场约束途径及其适用性。研究表明次级债的市场约束功能有赖于诸多现实条件的制约,如直接价格约束是建立在对银行风险感知和理性预期的基础之上,若监管制度不能为次级债债权人提供不救助的可置信承诺或规则,则次级债债权人将没有激励去监测、评估与定价银行的风险，从而这种事前的价格约束将“游离”于银行后续的风险选择。数量约束的市场信号（如银行能否发行次级债，能否发行预期数量的次级债等）不仅取决于投资者对银行总体风险的评估，还受到宏观经济环境、债券市场深度与流动性、债务工具特征等因素的综合影响，如在宏观经济萧条和债券市场深度不足时，健康的银行也会面临发债困难的尴尬，如果武断地解读市场信号，并采取不当的矫正行动，会扭曲正常的市场激励结构与行为。而间接市场约束也受到银行披露不利信息的弱激励的影响，有可能损害了次级债的信息揭示功能，降低了将其用于监管过程和实施间接市场约束的适当性。通过对国外次级债激励与约束功能相关经验的归纳与总结，我们能将之与我国银行次级债市场的实际情况进行比较，并对我国银行次级债市场的激励与约束功能进行价值判断。

1.6 结构安排

全书共7章。第1章以文献综述的方式勾勒出了银行风险承担行为的市场约束机理和本书的研究框架。第2章和第3章分别研究了完全隐性保险和不完全隐性保险对银行风险承担行为的影响。第5章以我国城市商业银行为样本，实证研究了城市商业银行的市场约束行为，考察了隐性保险体制对城市商业银行风险承担行为和市场约束的影响。对银行风险承担行为的两种最主要的市场约束治理途径——信息披露和次级债的作用机理，分别在第4章、第6章和第7章进行了实证和理论研究。鉴于银行信息披露的市场约束效应有赖于以下两个关键机制的作用：政府隐性保险对市场约束存在性的影响;市场约束“公司治理”效应的存在性。故本书将我国城市商业银行的市场约束行为安排在信息披露的市场约束效应之后。以下是各章的主要内容:

第1章为绪论。本章系统回顾与分析了市场约束和银行风险承担行为的相关文献,梳理出了市场约束的作用机理,考察了隐性保险体制对银行风险承担行为和市场约束的影响,并结合我国银行业的制度与现实背景,给出了我国银行业风险承担行为的市场约束机理的系统研究框架。最后,还介绍本书的研究视角、研究方法、研究创新与结构安排。

第2章在一个两期经济的框架内,研究了完全隐性保险对银行风险承担行为的影响,给出了完全隐性保险对不同银行风险选择的激励条件与边界,并对基于政府隐性保险的“国家信用悖论”给予了理论解释。

第3章在第2章研究的基础上,将隐性保险划分为完全隐性保险和不完全隐性保险,比较研究了两种隐性保险的政策效果与环境依赖,研究了不完全隐性保险对银行风险承担行为的影响,给出了不完全隐性保险对不同银行风险选择的激励条件与边界。

第4章运用我国14家大中型商业银行2000～2008年间的数据,实证检验了样本银行信息披露的市场约束效应,研究了信息披露与银行风险承担行为之间的关系及其相关机理。

第5章通过建立银行违约概率模型的方式,“集成”了能反映银行风险轮廓不同层面的风险信息,用预期的银行违约概率来测度银行的总体风险水平,并分别从价格约束、数量约束、外部环境(市场竞争环境、隐性保险体制)对市场约束的影响等视角,研究了我国城市商业银行的市场约束行为。

第6章基于或有权估值理论，给出了银行利益相关者价值的定价公式，研究了次级债市场约束作用的部分机理，如次级债债权人与银行股东的风险承担倾向之间的关系；次级债债权人是如何补偿高级债债权人；次级债发挥市场约束作用的内在条件与边界；法定最低资本要求对次级债市场约束功能的影响；次级债计入附属资本的比例对其市场约束功能的影响等。

第7章研究了次级债的激励结构与市场约束治理机制，翔实讨论了投资者如何通过直接约束、间接约束、附加控制条件等方式来限制银行更大的风险承担行为，并比较分析了各种市场约束方式的有效性，以及债项特征的设计对其激励与约束功能的影响。通过对国外次级债激励与约束功能相关经验的归纳与总结，我们能将之与我国银行次级债市场的实际情况进行比较，并对我国银行次级债市场的激励与约束功能进行价值判断。

1.7 本章小结

本章系统回顾与分析了市场约束和银行风险承担行为的相关文献，梳理出了市场约束的相关作用机制，考察了隐性保险体制对银行风险承担行为和市场约束的影响，并结合我国银行业的制度和现实背景，给出了我国银行业风险承担行为的市场约束机理的系统研究框架。这个框架能将众多、复杂的问题集于一体，如分类研究完全隐性保险与不完全隐性保险对市场约束和银行风险承担行为的影响；比较研究两种隐性保险制度的政策效果及其环境依赖；研究制度环境（如隐性保险体制、市场竞争环境等）对市场约束的影响；研究信息披露与银行风险承担行为之间的关系；研究如何通过引入次级债来增强市场约束等，从而为基于隐性保险体制下的市场约束行为与机理指明了研究方向。在文献回顾和研究框架的设计之后，我们还概括了本书的研究视角、研究方法、主要创新以及结构安排。

本章参考文献

[1] 林平. 完善我国中央银行最后贷款人制度的思考[J]. 南方金融，2004，10：13-17.

[2] 刘丽巍，李华. 货币政策、最后贷款人与存款保险[J]. 东北财经大学学报，2005，6：22-24.

[3] 周厉. 基于委托代视角的央行最后贷款人问题[J]. 上海金融，2006，11：18-22.

[4] 谢平，易诚. 建立我国存款保险制度的条件已趋成熟[N]. 金融时报，2004-11-2.

[5] 雷顺英. 北海市十四家城市信用社关闭清算六年以来暴露的问题给当前金融机构防范和化解区域金融风险的启示[J]. 广西金融研究，2004，11：22-23.

[6] Demirgüc-Kunt A.，Huizinga H.. Market discipline and deposit insurance [J]. Journal of Monetary Economics，2004，51：375-399.

[7] Demirgüc-Kunt A.，Detragiache E.. Monitoring banking sector fragility：a multivariate logit approach [Z]. Working Paper(No. 147)，IMF，1999.

[8] 张正平，何广文. 隐性保险、市场约束与我国银行业改革[J]. 金融研究，2005，10：42-52.

[9] 李燕平，韩立岩. 特许权价值、隐性保险与银行风险行为——中国商业银行的经验分析[J]. 金融研究，2006，12：82-91.

[10] Lang W. W.，Robertson D.. Analysis of proposals for a minimum subordinated debt requirement [J]. Journal of Economics and Business，2002，54：115-136.

[11] Basel Committee on Banking Supervision (BCBS). International convergence of capital measurement and capital standards: a revised framework [S]. BCBS, 2004.

[12] Black F., Scholes M.. The pricing of options and corporate liabilities [J]. Journal of Political Economy, 1973, 81(3): 637-654.

[13] Merton R. C.. An analytic derivation of the cost of deposit insurance loan guarantees [J]. Journal of Banking Finance, 1977, 1: 3-11.

[14] Curt H., Kaufman G., Borio C., Tsatsaronis K.. Market discipline and banking: theory and evidence [M]. MIT press, Cambridge, 2004.

[15] Herring R. J. The subordinated debt alternative to Basel II [J]. Journal of Financial Stability, 2004, 1: 137- 155.

[16] Nier E., Baumann U.. Market discipline, disclosure and moral hazard in Banking [J]. Journal of Financial Intermediation, 2006, 15: 332-361.

[17] Barth J. R., Dan B. J., Daniel S., Wang G. H. K.. Thrift-institution failures: causes and policy issues [Z]. Proceedings of the 21st Annual Conference on Bank Structure and Competition, 1985: 184-216.

[18] Thompson J. B.. Predicting bank failures in the 1980s [J]. Federal Reserve Bank of Cleveland Economic and Review, 1991, 1: 9-20.

[19] Park S.. Market discipline by depositors: evidence from reduced-form equations [J]. Quarterly Review of Economics and Finance, 1995, 35: 497-514.

[20] Whalen G.. A proportional hazards model of bank failure: an examination of its usefulness as an early warning tool [J]. Federal Reserve Bank of Cleveland Economic and Review, 1991, 1: 21-23.

[21] Molina C. A.. Predicting bank failures using a hazard model: the Venezuelan banking crisis [J]. Emerging Markets Reviews, 2002, 3: 31-50.

[22] Imai M.. Market discipline and deposit insurance reform in Japan [J]. Journal of Banking & Finance, 2006, 30: 3 433-3 452.

[23] Krainer J. , Lopez J. . Forecasting bank supervisory ratings using securities market information [Z]. Working Paper, Federal Reserve Bank of San Francisco, 2003.

[24] Bhattacharya S. , Boot A. W. A. , Thakor A. V. . The economics of bank regulation [J]. Journal of Money, Credit and Banking, 1998, 30: 745-770.

[25] Lee T. . Bank risk-taking, regulations and market discipline: three essays [D]. The University of Texas at Austin, 2002.

[26] Blum J. M. . Subordinated debt, market discipline, and banks' risk taking [J]. Journal of Banking & Finance, 2002, 26: 1 427-1 441.

[27] Gorton G. , Santomero A. M. . Market discipline and bank subordinated debt: note [J]. Journal of Money, Credit and Banking, 1990, 22(1): 119-128.

[28] Schellhorna C. D. , Spellman L. J. . Bank forbearance: a market-based explanation [J]. The Quarterly Review of Economics and Finance, 2000, 40: 451-466.

[29] Krishnan C. N. V. , Ritchken P. H. , Thomson J. B. . Monitoring and controlling bank risk: does risky debt help? [J]. The Journal of Finance, 2005, 60(1): 343-378.

[30] Nivorozhkin E. . Market discipline of subordinated debt in banking: the case of costly bankruptcy [J]. European Journal of Operational Research, 2005, 161: 364-376.

[31] 张强,佘桂荣. 银行监管的市场约束理论进展[J]. 金融研究, 2006, 10: 98-105.

[32] Flannery M. J. . The faces of market discipline [J]. Journal of Financial Services Research, 2001, 20: 107-119.

[33] Hamalainen P. , Hall M. , Howcroft B. . A framework for market discipline in bank regulatory design [J]. Journal of Business Finance & Accounting, 2005, 32(1): 183-209.

[34] Park S. ,Peristiani S.. Market discipline by thrift depositors [J]. Journal of Money, Credit, and Banking,1998,30(3):347-364.

[35] Berger A. ,Davies S.. The information content of bank examination [J]. Journal of Financial Services Research,1998,14:117-144.

[36] Jagtiani J. ,Lemieux C.. Market discipline prior to bank failure [J]. Journal of Economics and Business,2001,53:313-324.

[37] Cordella T. ,Yeyati E. L.. Public disclosure and bank failures [Z]. Working Paper(No. 1886),CEPR,1998.

[38] Bhattacharya S. ,Boot A. W. A. ,Thakor A. V.. The economics of bank regulation [J]. Journal of Money, Credit and Banking,1998,30:745-770.

[39] Jordan J. S. ,Peek J. ,Rosengren E. S.. The impact of greater bank disclosure amidst a banking crisis [Z]. Working Paper(No. 99-1),Federal Reserve Bank of Boston,1999.

[40] 陆磊.信息结构、利益集团与公共政策[J].经济研究,2000,12:3-10.

[41] Baer H. ,Brewer E.. Uninsured deposits as a source of market discipline: a new look [J]. Quarterly Journal of Business and Economics,1986,24:3-20.

[42] Hannan T. H. ,Hanweck G. A.. Bank insolvency risk and the market for large certificates of deposit [J]. Journal of Money, Credit, and Banking, 1988,20:203-211.

[43] Brewer E. III. ,Mondschean T. H.. An empirical test of the incentive effects of deposit insurance [J]. Journal of Money, Credit, and Banking, 1994,26: 146-164.

[44] Ellis D. M. ,Flannery M. J.. Does the debt market assess large banks' risk? [J]. Journal of Monetary Economics,1992,30:481-502.

[45] Avery R. B. ,Belton T. M. ,Goldberg M. A.. Market discipline in regulating bank risk: new evidence from the capital markets [J]. Journal of Money, Credit and Banking,1988,11:547-610.

[46] Flannery M. J. ,Sorescu S. M. . Evidence of bank market discipline in subordinated debenture yields：1983-1991 [J]. Journal of Finance，1996，51：1 347-1 377.

[47] Gorton G. ,Pennacchi G. . Financial intermediaries and liquidity creation[J]. Journal of Finance,1990,45:49-72.

[48] Peria M. M. ,Schmukler S. . Do depositors punish banks for bad behavior? market discipline，deposit insurance，and banking crises? [J]. Journal of Finance,2001,56:1 029-1 051.

[49] Calomiris C. W. ,Wilson B. . Bank capital and portfolio management：the 1930' capital crunch and scramble to shed risk [J]. Journal of Business，2004,77(3):421-455.

[50] Gilbert R. A. . Market discipline of bank risk：theory and evidence [R]. Federal Reserve Bank of St. Louis Review,1990,1/2.

[51] Garcia G. . Deposit insurance：a survey of actual and best practices [Z]. Mimeo,IMF,1999.

[52] Rajan,Diamond. Liquidity risk,liquidity creation and financial fragility:a theory of banking [J]. The Journal of Political Economy,2001,109(2):287-327

[53] 何光辉. 道德风险与存款保险额度的市场决定[J]. 财经研究，2003，32(1)：73-83.

[54] 吴军，邹恒甫. 存款保险，道德风险与银行最优监管——一个分析框架及其在中国的应用[J]. 统计研究，2005，2：35-37.

[55] 张伟. 存款保险、信息不对称与预警机制[J]. 世界经济，2005，11：43-53.

[56] 杨谊，蒲勇健，樊杲. 中国银行业隐性存款保险与资本充足监管机制下的联合效率分析[J]. 中央财经大学学报，2006，10：44-48.

[57] 张玉梅，赵勇. 隐性存款保险向显性存款保险转变对银行道德风险的影响[J]. 南方经济，2006，5：104-111.

[58] Berger A. N. . Market discipline in banking [Z]. Proceedings of a Conference

on Bank Structure and Competition, Federal Reserve Bank of Chicago,1991.

[59] Hamalainen P.. Mandatory subordinated debt and the corporate governance of banks [J]. Corporate Governance,2004,12(1):93-106.

[60] Bliss R. R. ,Flannery M. J.. Market discipline in the governance of US bank holding companies: monitoring versus influence [J]. European Finance Revivew,2002,6:419-437.

[61] Goyal. Market discipline of bank risk: Evidence from subordinated debt contracts [J]. Journal of Financial Intermediation,2005,14:318-350.

[62] Hamalainen P.. Mandatory subordinated debt and the corporate governance of banks [J]. Corporate Governance,2004,12(1):93-106.

[63] 张杰.究竟是什么决定一国银行制度的选择——重新解读中国国有银行改革的含义[J].金融研究,2005,9:5-22.

[64] 张杰.中国金融制度选择的经济学[M].北京:中国人民大学出版社,2007.

[65] Freixas X.. Optimal bail out policy, conditionality and creative ambiguity, financial markets group [Z]. Working Paper, London School of Economics,1999.

[66] Goodhart C. A. E. ,Huang H. Z.. The lender of last resort [J]. Journal of Banking and Finance,2005,29:1 059-1 082.

[67] Hamalainen P.. Market discipline and regulatory authority oversight of banks: complements not substitutes [J]. The Service Industries Journal, 2006,26(1):97-117.

[68] Decamps J. P. ,Rochet J. C. ,Roger B.. The three pillars of Basel II: optimizing the mix [J]. Journal of Financial Intermediation,2004,13:132-155.

[69] Covitz D. M. ,Hancock D. ,Kwast M. L.. Mandatory subordinated debt: would banks face more market discipline? [Z]. Working Paper,Board of Governors of the Federal Reserve System,2000,6.

[70] DeYoung R. ,Flannery M. J. ,Lang W. W. ,Sorescu S. M.. The information

content of bank exam ratings and subordinated debt prices [J]. Journal of Money, Credit, and Banking, 2001, 33: 900-925.

[71] Evanoff D. D., Wall L. D.. Sub-debt yield spreads as bank risk measures [J]. Journal of Financial Services Research, 2001, 20: 121-146.

[72] Hancock D., Kwast M. L.. Using subordinated debt to monitor bank holding companies: is it feasible? [J]. Journal of Financial Services Research, 2001, 20: 147-187.

[73] Evanoff D. D., Wall L. D.. Measures of the riskiness of banking organizations: subordinated debt yields, risk-based capital, and examination ratings [J]. Journal of Banking & Finance, 2002, 5: 989-1 009.

[74] Gropp R., Vesala J.. Deposit insurance, moral hazard and market monitoring [Z]. Federal Reserve Bank of Chicago Bank Structure Conference Proceedings, 2002, 5.

[75] Gropp R., Richards A.. Rating agency actions and the pricing of debt and equity of European banks: what can we infer about private sector monitoring of bank soundness? [J]. Economics Notes, 2001, 30(3): 373-398.

[76] Sironi A.. Testing for market discipline in the European banking industry: evidence from subordinated debt issues [J]. Journal of Money, Credit and Banking, 2003, 35: 443-472.

第2章　完全隐性保险与银行业风险承担行为

本章在一个两期经济的框架内，研究了完全隐性保险对银行业风险承担行为的影响，给出了完全隐性保险对不同银行（健康银行、问题银行）风险选择的激励条件与边界，并对基于政府隐性保险的“国家信用悖论”给予了理论解释。我们的研究发现：完全隐性保险并不必然鼓励所有银行的风险承担行为，它只是可能地鼓励问题银行的风险承担激励。完全隐性保险对问题银行的风险承担激励取决于银行自身的资产负债（或资本充足）状况和实体经济的微观基础。当实体经济缺乏竞争性的微观基础时，完全隐性保险越有可能鼓励问题银行的整体性风险承担行为。

2.1　引言

Diamond & Dybvig(1983)给出了存款保险的理论依据，由于挤兑可能导致健康银行的倒闭和实体经济的损失，能够排除大规模提款的存款保险会产生社会更优的结果。存款保险通过保持银行资产的流动性，增强了公众对银行体系的信心，同时又不必明显地提高或扩大政府现有的财政负担，从而达到以较低成本稳定银行业的目的。但 Vaez-Zadeh et al. (2002)指出：①存款保险导致银行在选择高风险（可能是高利润）的资产组合时，无需支付较高的利率以补偿存款人的额外风险，从而鼓励了银行的风险承担行为。②存款人对存款保险提供的保护充满信心，监督银行的风险承担行为或参与质量逃逸（quality flight）的积极性降低[①]。由此可见，存款保险所导致的市场约束的弱化是鼓励银行风险承担行为的重要原因。

市场约束是一种以市场为基础的激励计划，银行债权人通过要求更高的收益率或溢价来“惩罚”银行更大的风险承担行为（Nier & Baumann，2006），即市场约束通过提高银行风险承担成本的市场化方式，达到限制银行更大风险承担行为的目的。既有文献通过对各种银行债务市场（如存款市场、CDs、次级债市场等）的研究发现，当政府隐性保险的政策预期不强时，债权人能对银行的风险信息作出逆向反应，从而支持市场约束的存在（Hannan & Hanweck，1988；Ellis & Flannery，1992；Brewer & Mondschean，1994 等）[②]。

我国虽未建立专门的存款保险制度或显性的存款保险制度，但存款保险制度的本质是以监管者的信誉来代替银行本身的信誉，只要政府或明或暗地表示将承担对存款者的偿付责任，存款保险就实质上已经存在（李宗怡，2005）。谢平、易诚（2004）的研究发现，从近几年我国金融机构市场退出的实践来看，国家事实上承担了对银行存款的保险责任，我国实行的是国家对个人“全额偿付的隐性存款保险制度”。吴军、邹恒甫（2005）指出尽管我国并没有建

---

① 一般情况下，质量逃逸是指存款人将其存款从问题银行转移至健康银行。当储户观察到或感受到存款银行的违约风险增大时，他可以选择索要更高的存款利率、降低存款额、将存款转移至其他合意的银行等措施来约束问题银行更大的风险承担行为。

② 若不作特定的说明，本书所指的“债权人”均指“银行债权人”。

立明确的存款保险制度,但实际上一直实行着隐性的“超级”存款保险制度。在我国,不仅四大国有银行以国家信用作后盾,即使在城市信用社的破产清理中,政府也对其储蓄存款全额兑付,由此看来,非国有银行事实上也搭上了国家隐性保险的“便车”(张正平、何广文,2005)。

当前的主流的观点是:较全面的隐性保险在我国事实上已经存在,隐性保险产生了不容忽视的道德风险问题,鼓励了银行业的风险承担行为,为减小隐性保险的道德风险激励,我国应积极构建显性的存款保险体制(张正平、何广文,2005;张玉梅、赵勇,2006等)①。但也应该看到的是,在我国渐进改革的过程中,政府动用“国家信用”向国有银行提供隐性保险是银行不断获取储蓄资源,实现国家对金融资源的控制和对国有经济发展的支持的重要保证(张杰,2003;2005;2007)。正是隐性保险的存在,才使得我国银行业长期在较低的资本充足水平下(低资本、高坏账等)“正常经营”而不发生挤兑危机或破产,并完成了吸收储蓄支持经济发展的“国家使命”,从这个意义上来讲,这种基于国家信用的隐性保险对经济发展贡献巨大。但与此同时,这种基于国家信用的隐性保险体制,也可能存在着严重的道德风险,弱化了市场约束,鼓励了银行的风险承担激励和过度冒险行为,侵蚀了银行业大量“显性的资本基础”,从而不断形成巨额的不良资产。我国银行业这种低资本、高风险运营,国家不断注资又不断侵蚀资本的循环往复路径,就是

① 由第1章的分析可知:政府对小型银行机构的个人存款采取了完全的隐性保险政策,而对其对公存款则采取了不完全的隐性保险政策(或部分隐性保险)或不予保险的政策;但对大型的国有控股银行,政府则采取了近乎完全的隐性保险政策。鉴于个人储蓄在银行储蓄中的重要位置,当政府对个人储蓄实行隐性保险时,也就相当于政府保险了银行存款的相当大比例。

所谓的基于政府隐性保险的“国家信用悖论”。这也是本章要研究和试图解释的重要问题。

以下的行文结构安排如下：第二部分是模型结构；第三部分是模型推导、主要命题、模型意义及经济解释；最后是结论与政策含义。

2.2　模型结构

Lee(2002)研究了政府赔付政策(payoff policy)和不同重组方式对银行风险承担行为的影响，但他没有专门地研究隐性保险对不同情景下银行风险承担行为的激励约束条件；没有分析隐性保险对市场约束，进而对银行风险承担行为的影响。基于 Lee(2002)的模型结构设计①，我们在一个风险中性的 2 期经济中，对消费者、生产者、银行中介、政府的消费偏好和经济行为进行以下设定。

2.2.1　生产经济

经济中有两类资产：安全资产和风险资产(或投资项目)。安全资产对每个主体都是可得的，但风险资产是由企业向银行借款投资的。假设无风险资产的回报为 z，其中，$z>1$。风险资产具有以下的回报分布，它以 $p(R)$ 的概率获得投资回报 R；以 $1-p(R)$ 的

---

① 模型结构对生产经济和金融中介的建模思想来源于 Lee(2002)。其中，生产经济的模型结构与 Lee(2002)有两个显著的不同：①对 R^* 的经济解释；②命题“由模型结构之假设，不难推证如下命题：对 $p(R_1)R_1+p(R_1)=p(R_1)\omega_1$ 和 $p(R_2)R_2+p(R_2)=p(R_2)\omega_2$，如果 $\omega_1>\omega_2$，则有 $R_1>R_2$”是作者给出的，这个命题是构成文章后续推导与证明的关键所在，其证明见下页脚注②。文章基于完全隐性保险和不完全隐性保险下的银行风险承担激励的所有命题、推导和经济解释都是作者完成的。

概率获得投资回报 γ，其中，$R>z>1$，且 $\gamma\in(0,1)$。

假设 $p(R)<0$，即项目的投资回报越高，项目成功的概率就越小，也就是说，R 可以作为风险资产风险类型的代理变量。同时假设 $p''(R)<0$，即随着项目投资回报的提高，其成功的边际概率递减[①]。

则风险资产的预期回报：

$$G(R)=p(R)R+[1-p(R)]\gamma \tag{2.1}$$

由于项目投资的最大预期回报是企业、银行和政府“共同的”意愿，这里，不妨将项目投资的最大预期回报所对应的风险水平作为社会最优的风险水平。由项目预期回报式(2.1)对 R 求导(并令其为零)，可得：

$$G'(R^*)=p'(R^*)(R^*-\gamma)+p(R^*)=0 \tag{2.2}$$

显然 $G''(R^*)=p''(R)(R-\gamma)+2p'(R)<0$，$R^*$ 即为社会最优的风险水平。

由模型结构之假设，不难推证如下命题：对 $p'(R_1)R_1+p(R_1)=p'(R_1)\omega_1$ 和 $p'(R_2)R_2+p(R_2)=p'(R_2)\omega_2$，如果 $\omega_1>\omega_2$，则有 $R_1>R_2$[②]。

---

① 文献 Boot & Thakor(1993)；Lee(2002)；Blum(2002)等都对 $p'(R)$ 进行了如下的假设：$p'(R)<0$；$p''(R)<0$

② 由于 $\omega_1>\omega_2$，不妨令 $\omega_1=\gamma+\varepsilon_1$，$\omega_2=\gamma+\varepsilon_2$，其中，$\varepsilon_1>\varepsilon_2$。将其分别代入 $p'(R_1)R_1+p(R_1)=p'(R_1)\omega_1$ 和 $p'(R_2)R_2+p(R_2)=p'(R_2)\omega_2$ 可得：$G'(R_1)=p'(R_1)(R_1-\gamma)+p(R_1)=p'(R_1)\varepsilon_1$；$G'(R_2)=p'(R_2)(R_2-\gamma)+p(R_2)=p'(R_2)\varepsilon_2$。

由于 $\varepsilon_1>\varepsilon_2$，故有 $\frac{G'(R_1)}{p'(R_1)}>\frac{G'(R_2)}{p'(R_2)}$。这里，不妨再令 $k(R)=\frac{G'(R)}{p'(R)}$，即有 $k(R_1)>k(R_2)$。由模型结构知 $G''(R)=p''(R)(R-\gamma)+2p'(R)$，则有：$\frac{\partial k(R)}{\partial R}=\frac{[p''(R)(R-\gamma)+2p'(R)]p'(R)-[p'(R)(R-\gamma)+p(R)]p''(R)}{[p'(R)]^2}=\frac{2[p'(R)]^2-p(R)p''(R)}{[p'(R)]^2}>0$ 即 $k(R)$ 是关于 R 的单调增函数，所以有 $R_1>R_2$。

2.2.2　消费经济

假设经济中存在两类具有不同时间偏好进行消费的消费者，借鉴 Diamond & Dybvig(1986)的定义，我们分别称其为第 1 类消费者和第 2 类消费者，他们分别具有短期消费和长期消费的偏好①。

在期初($T=0$)消费者将资金存入银行，第 1 类消费者在 $T=1$ 时将存款本息从银行提出并进行消费；第 2 类消费者直到 $T=2$ 时才将存款本息从银行提出进行消费，即使遇到银行出现财务危机或破产清算，第 2 类消费者不得不在 $T=1$ 时提前兑付存款，他可以选择继续投资于无风险资产或存入其他银行，仍将消费推迟至 $T=2$ 时。

假设消费者对其存款有一定的“定价权”，即消费者可以根据存款银行的风险状况索要不同的存款利率，以补偿其可能承受的违约风险。对消费者存款定价权的假设是为了体现出消费者的市场约束性，即消费者能观察到或感知到银行的风险或风险承担行为，并对其有所反应。从理论上来讲，当不存在政府隐性保险时，消费者能对银行的风险信息保持较高的敏感性，且有激励对银行的风险承担行为采取相应的市场约束行动，这是市场的“本原”状态。我们对消费者存款定价权的假设，原因有二：一是为了揭示市场“本原”状态下的银行风险承担行为；二是为了对比研究市场“本原”状态和现实状态(即存在政府隐性保险)下银行风险承担激励

---

①　消费者是指银行债权人，如未保险储户、银行次级债投资者等。由于模型结构根据银行债权人消费的时间偏好的不同，将其分别划分为第一类消费者和第二类消费者，故这里称“银行债权人”为“消费者”。

机制的不同。

消费者对银行存款违约风险的判断受到两个因素的决定性影响:一是银行本身的风险状况或风险承担行为;二是政府隐性保险政策。如果政府既往的采取的解决问题银行的方式使所有消费者相信,当其存款银行面临危机或破产时,政府会再次对其存款进行保险支付,则称其为完全隐性保险。如果政府既往的采取的解决问题银行的方式使某类消费者相信,当其存款银行面临危机或破产时,政府会再次对其存款进行保险支付,则称这类保险为不完全隐性保险。假设第1类消费者向银行索取的存款利率为r_1;第2类消费者向银行索取的存款利率为r_2,一般存在$r_2>r_1$,且$r_2\geqslant z^2>r_1\geqslant z>1$。这里,$z^2$表示如果消费者不将资金存入银行,而是投资于无风险资产,在T=2时能获得的投资回报。由于消费者将资金存入银行面临着一定的银行违约风险(如银行过度的风险承担行为;轻率的信贷审批和监督;过度的资产扩张等),所以会要求一定的风险溢价,由此必然导致$r_2\geqslant z^2$和$r_1\geqslant z$。$z^2>r_1$表示两期的无风险投资回报要高于一期的存款回报,以体现出风险的期限结构差异[①]。当政府为某类消费者的存款提供隐性保险时,就相当于银行给这类消费者提供了一种无风险资产,即该类消费者对银行风险的评价被隐性保险完全"抵消"了,则均衡时的利率水平必满足$r_1=z$或$r_2=z^2$。也就是说,当政府对消费者(第一类消费者和第二类消费者)的存款提供完全的隐性保险政策时,消费者将完全失

① 为简化计算,在计算1期和2期无风险投资回报时没有考虑期限长度的影响,即两期的无风险投资回报均为z,这隐含假设两期的期限长度相同。在计算各期无风险投资回报时考虑期限长短的影响,只会增加问题分析的冗杂度,并不改变待研究问题的基本结论,这取决于模型结构的定义方式。

去对银行风险承担行为的市场约束激励，则均衡时的利率水平必满足 $r_1=z;r_2=z^2$。当政府对银行的储蓄存款采取不完全的隐性保险政策时，比如政府仅对第一类消费者的存款提供隐性保险时，则第一类消费者将失去采取市场约束行动的激励，而未受存款保险的第二类消费将有市场约束的激励，即均衡时的利率水平必满足 $r_1=z;r_2\geqslant z^2$①。

2.2.3　银行中介

在 $T=0$ 时，银行 $j(j=1,2,\cdots M)$ 的资产构成是自有资本金 C 和储蓄存款 D，其中，储蓄存款 D 由第 1 类消费者存入的比例为 α，由第 2 类消费者存入的比例为 $1-\alpha$。吸收到消费者的储蓄存款后，银行开始对企业进行筛选并确定投资项目。假设 R_1 和 R_2 分别表示银行 1 期和 2 期项目投资成功时的回报。

如果银行 1 期的项目投资成功了，它便在 $T=1$ 时兑现第 1 类消费者的存款本息 αDr_1，将剩余的资金禀赋 $(C+D)R_1-\alpha Dr_1$ 进行 2 期的项目筛选和投资，并在 $T=2$ 时兑现第 2 类消费者的存款本息 $(1-\alpha)Dr_2$。如果银行 2 期的项目投资成功了，则在兑付完第

① 同理，当政府仅对第二类消费者的存款提供隐性保险时，第二类消费者将失去采取市场约束行动的激励，而未受存款保险的第一类消费者有市场约束的激励，则均衡时的利率水平必满足 $r\geqslant z;r_2=z^2$。从理论上来讲，当政府对某类消费者的储蓄存款不提供隐性保险时，该类消费者有对银行风险承担行为采取市场约束行动的激励，但这并不意味着该类消费者就一定会采取市场约束行动。当银行和消费者之间存在较为严重的信息不对称时，比如银行不向消费者有效地披露其风险信息，或消费者不能观测或感知到银行的风险水平时，消费者仍将不会采取市场约束行动。所以，当政府仅对某类消费者提供隐性保险时，另一类消费者的索要利率必定大于或等于其对应的无风险利率。当另一类消费者的索要利率大于其对应的无风险利率时，表明他们采取了市场约束行动；当另一类消费者的索要利率等于其对应的无风险利率时，表明他们没有采取市场约束行动，这与银行未能有效披露其风险信息有关。就银行信息披露与市场约束的关系问题，我们将在第 4 章进行讨论。

2 类消费者的存款本息后，它能获得 $R_2[(C+D)R_1-\alpha Dr_1]-(1-\alpha)Dr_2$ 的资金进行消费；如果银行 2 期的项目投资失败了，则在兑付完第 2 类消费者的存款本息后，它能获得 $\gamma[(C+D)R_1-\alpha Dr_1]-(1-\alpha)Dr_2$ 的资金进行消费①。这里隐含的假设是 $\gamma[(C+D)R_1-\alpha Dr_1]-(1-\alpha)Dr_2>0$，它保证如果银行的 1 期项目投资成功了，则无论 2 期项目投资成功与否，银行都不会发生对消费者违约的可能。

如果银行 1 期的项目投资失败了，银行能在 $T=1$ 时兑现第 1 类消费者的存款本息 αDr_1，并将剩余的资金禀赋 $(C+D)\gamma-\alpha Dr_1$ 进行 2 期的项目筛选和投资。如果银行 2 期的项目投资成功了，它能够成功地兑付第 2 类消费者的存款本息 $(1-\alpha)Dr_2$；但如果银行 2 期的项目投资失败了，它便不能兑付第 2 类消费者的存款本息。这里隐含的假设是 $R_2[(C+D)\gamma-\alpha Dr_1]-(1-\alpha)Dr_2>0$，且 $\gamma[(C+D)\gamma-\alpha Dr_1]-(1-\alpha)Dr_2<0$。它们保证如果银行 1 期的项目投资失败了，但 2 期项目投资成功了，银行仍能成功地兑付第 2 类消费者的存款本息，并获得剩余资金进行消费；但如果 1 期项目投资失败了，2 期项目投资不幸也失败，银行将不能兑付第 2 类消费者的存款本息或破产。

由于 1 期项目投资成功的银行不会发生违约行动，所以称 1 期项目投资成功的银行为健康银行（healthy bank）；相应地，称 1 期项目投资失败的银行为问题银行（unhealthy bank），因为它存在违约与破产的可能。

---

① 这里隐含的假设是银行偏好于在 $T=2$ 时进行消费。

2.3　主要命题与结论

2.3.1　无隐性保险下的银行风险承担激励

1) 银行 2 期的风险承担激励

对这个两期的决策问题，可采取逆向归纳法来求解银行的最优风险选择。对健康银行而言，它在 $T=2$ 时的预期回报为：

$$\mathrm{E}_{h,2}=\mathrm{p}(R_{h,2})\{R_{h,2}[(C+D)R_1-\alpha Dr_1]-(1-\alpha)Dr_2\}+$$
$$[1-\mathrm{p}(R_{h,2})]\{\gamma[(C+D)R_1-\alpha Dr_1]-(1-\alpha)Dr_2\} \quad (2.3)$$

这里，$\mathrm{E}_{h,2}$表示健康银行 2 期的预期回报，即下标 h 表示健康银行；下标 2 表示第 2 期。同理，$R_{h,2}$表示健康银行 2 期项目投资成功时的投资回报[①]。

由 F. O. C 条件易得健康银行的 2 期最优风险选择 $R_{h,2}^*$满足下式：

$$\mathrm{p}'(R_{h,2}^*)R_{h,2}^*+\mathrm{p}(R_{h,2}^*)=\mathrm{p}'(R_{h,2}^*)\gamma \quad (2.4)$$

与式(2.2)比较，易得 $R_{h,2}^*=R^*$，即健康银行选择了社会最优的 2 期风险水平。

同理，可得问题银行 $T=2$ 时的预期回报：

$$\mathrm{E}_{u,2}=\mathrm{p}(R_{u,2})\{R_{u,2}[(C+D)\gamma-\alpha Dr_1]-(1-\alpha)Dr_2\} \quad (2.5)$$

---

① 健康银行 $T=2$ 时的预期回报可进行这样的解释：健康银行在 $T=1$ 时兑付完第 1 类消费者的存款本息 αDr_1 后，将剩余资金禀赋$(C+D)R_1-\alpha Dr_1$ 投资于具有如下回报分布的 2 期项目，该项目投资以 $\mathrm{p}(R_{h,2})$的概率获得回报 $R_{h,2}$；以 $1-\mathrm{p}(R_{h,2})$的概率获得回报 γ。在 2 期项目投资结束后，健康银行能成功兑付第 2 类消费者的存款本息$(1-\alpha)Dr_2$，并分别以 $\mathrm{p}(R_{h,2})$的概率获得投资回报 $R_{h,2}[(C+D)R_1-\alpha Dr_1]-(1-\alpha)Dr_2$；以 $1-\mathrm{p}(R_{h,2})$的概率获得投资回报 $\gamma[(C+D)R_1-\alpha Dr_1]-(1-\alpha)Dr_2$。

这里，$E_{u,2}$表示问题银行2期的预期回报，即下标u表示问题银行；下标2表示第2期。同理，$R_{u,2}$表示问题银行2期项目投资成功时的投资回报①。

由式(2.5)对$R_{u,2}$求导(并令其为零)，易得：

$$p'(R_{u,2}^*)R_{u,2}^*+p(R_{u,2}^*)=p'(R_{u,2}^*)\frac{(1-\alpha)Dr_2}{(C+D)\gamma-\alpha Dr_1} \tag{2.6}$$

2) 银行1期的风险承担激励

银行1期的最优风险水平就是求解如下的优化问题：

$$\max_{R_1} E_1=\max_{R_1} p(R_1)E_{h,2}+[1-p(R_1)]E_{u,2} \tag{2.7}$$

结合式(2.3)和式(2.5)，由式(2.7)对R_1优化可得：

$$p'(R_1^*)R_1^*+p(R_1^*)=p'(R_1^*)\varphi \tag{2.8}$$

其中，$\varphi=\dfrac{[(C+D)\gamma-\alpha Dr_1]P(R_{u,2}^*)R_{u,2}^*+\alpha Dr_1E(R^*)+(1-\alpha)Dr_2[1-p(R_{u,2}^*)]}{(C+D)E(R^*)}$

这里，$E(R^*)=p(R_{h,2}^*)R_{h,2}^*+[1-p(R_{h,2}^*)]\gamma=G(R^*)$，它表示社会最优风险水平的项目投资的预期回报。

2.3.2 完全隐性保险对银行风险承担行为的影响

1) 对银行2期风险承担行为的影响

由式(2.4)知，无隐性保险下健康银行的2期最优风险选择条件是：

---

① 如果在$T=2$时有$\gamma[(C+D)\gamma-\alpha Dr_1]-(1-\alpha)Dr_2<0$，则银行将不能支付第2类消费者且破产，但银行只需以其期初的股本投入C为限承担“有限责任”。所以当银行1期项目投资失败了，且2期项目投资不幸也失败了，银行在此状态下的预期利润决策将仅以零为限，而无需进行相应的“成本抵减”，银行完成了其作为金融中介的使命，退出经济系统(Lee，2002；Blum，2002)。

$$p'(R_{h,2}^{*})R_{h,2}^{*}+p(R_{h,2}^{*})=p'(R_{h,2}^{*})\gamma \tag{2.9}$$

由于式(2.9)不含有 r_1 和 r_2，所以政府隐性保险(无论是完全隐性保险，还是不完全隐性保险)不改变健康银行的最优风险选择。也就是说，政府隐性保险不影响健康银行的2期风险承担行为。

由式(2.6)知，无隐性保险下问题银行的2期最优风险选择条件是：

$$p'(R_{u,2}^{*})R_{u,2}^{*}+p(R_{u,2}^{*})=p'(R_{u,2}^{*})\frac{(1-\alpha)Dr_2}{(C+D)\gamma-\alpha Dr_1} \tag{2.10}$$

则当政府提供完全隐性保险时，问题银行的2期最优风险选择条件变成为：

$$p'(R_{u,2}^{f*})R_{u,2}^{f*}+p(R_{u,2}^{f*})=p'(R_{u,2}^{f*})\frac{(1-\alpha)Dz^2}{(C+D)\gamma-\alpha Dz} \tag{2.11}$$

这里，$R_{u,2}^{f*}$ 表示政府提供完全隐性保险下的问题银行的2期最优风险选择。

显然，当 $\frac{(1-\alpha)Dz^2}{(C+D)\gamma-\alpha Dz}>\frac{(1-\alpha)Dr_2}{(C+D)\gamma-\alpha Dr_1}$ 或 $\frac{D}{C+D}>\frac{\gamma(r_2-z^2)}{\alpha z(r_2-r_1z)}$ 时，有 $R_{u,2}^{f*}>R_{u,2}^{*}$。即当问题银行的资产负债率越高或资本充足水平越低时，完全隐性保险越有可能鼓励其2期的风险承担行为。

同理，当 $\frac{D}{C+D}<\frac{\gamma(r_2-z^2)}{\alpha z(r_2-r_1z)}$ 时，有 $R_{u,2}^{f*}<R_{u,2}^{*}$。再由模型结构假设知 $\frac{(1-\alpha)Dz^2}{(C+D)\gamma-\alpha Dz}>\gamma$，比较式(2.11)与式(2.4)，则有 $R_{u,2}^{f*}>R^{*}$，进而有 $R^{*}<R_{u,2}^{f*}<R_{u,2}^{*}$。也就是说，较之不提供隐性保险下的情形，提供完全隐性保险下的资本充足水平较高的问题银行在1期

项目投资失败后，有相对较低的2期风险承担倾向，但其2期风险水平仍大于社会最优的风险水平。

由此，可得命题2.1和性质2.1.1～2.1.2：

命题2.1 完全隐性保险不影响健康银行的2期风险承担行为；只有在问题银行的资产负债率满足$\frac{D}{C+D}>\frac{\gamma(r_2-z^2)}{\alpha z(r_2-r_1 z)}$时，完全隐性保险才鼓励了问题银行的2期风险承担行为①。

性质2.1.1 问题银行的资产负债率越高或资本充足水平越低，完全隐性保险越有可能鼓励其2期的风险承担行为。

性质2.1.2 较之不提供隐性保险下的情形，提供完全隐性保险下的资本充足水平较高的问题银行在1期项目投资失败后，有相对较低的2期风险承担倾向，但其2期风险选择仍高于社会最优风险水平。

2）对银行1期的风险承担行为

由式(2.8)知，政府未提供隐性保险下的银行1期的最优风险选择条件为：

$$p'(R_1^*)R_1^*+p'(R_1^*)=p'(R_1^*)\varphi \tag{2.12}$$

其中，$\varphi=\frac{[(C+D)\gamma-\alpha Dr_1]p(R_{u,2}^*)R_{u,2}^*+\alpha Dr_1 E(R^*)+(1-\alpha)Dr_2[1-p(R_{u,2}^*)]}{(C+D)E(R^*)}$.

按照式(2.8)相似的原理可知，政府提供完全隐性保险下的银行1期的最优风险选择条件应为：

---

① 由命题2.1我们还可知：在问题银行的资产负债率(或资本充足水平)既定的条件下，若第一类消费者的存款占比越高，则隐性保险越有可能鼓励其2期的风险承担行为。这是因为第一类消费者的存款占比越高，意味着银行在$T=1$时支付更多的第一类消费者的存款本息，它进行2期项目投资的资金减少了，为挽回其1期投资失败的损失，问题银行就越有可能采取更大的风险策略。

$$p'(R_1^{f*})R_1^{f*}+p'(R_1^{f*})=p'(R_1^{f*})\varphi^f \tag{2.13}$$

其中，$\varphi^f=\dfrac{[(C+D)\gamma-\alpha Dz]p(R_{u,2}^{f*})R_{u,2}^{f*}+\alpha DzE(R^*)+(1-\alpha)Dz^2[1-p(R_{u,2}^{f*})]}{(C+D)E(R^*)}$

首先引入中间变量 φ_1^f，其表达式为：

$$\varphi_1^f=\frac{[(C+D)\gamma-\alpha Dr_1]p(R_{u,2}^{f*})R_{u,2}^{f*}+\alpha Dr_1E(R^*)+(1-\alpha)Dr_2[1-p(R_{u,2}^{f*})]}{(C+D)E(R^*)} \tag{2.14}$$

这里，不妨令：

$$f(R_2)=[(C+D)\gamma-\alpha Dr_1]p(R_2)R_2+(1-\alpha)Dr_2[1-p(R_2)] \tag{2.15}$$

由 $f(R_2)$ 对 R_2 求导，不难推证得：

$$\frac{\partial f(R_2)}{R_2}=\frac{p(R_2)}{R_2}\{R_2[(C+D)\gamma-\alpha Dr_1]-(1-\alpha)Dr_2\}[\varepsilon_{p(R_2),R_2}+\eta] \tag{2.16}$$

这里令：$\varepsilon_{p(R_2),R_2}=\dfrac{\partial p(R_2)R_2}{\partial R_2 p(R_2)}$，表示银行2期项目投资成功的概率弹性，它取决于实体经济的微观基础；且令 $\eta=\dfrac{R_2[(C+D)\gamma-\alpha Dr_1]}{R_2[(C+D)\gamma-\alpha Dr_1]-(1-\alpha)Dr_2}$，显然 $\eta>1$。

所以，当 $\varepsilon_{p(R_2),R_2}<-\eta$ 时，$f(R_2)$ 是关于 R_2 单调减函数；再由命题2.1知，当 $\dfrac{D}{C+D}>\dfrac{\gamma(r_2-z^2)}{\alpha z(r_2-r_1z)}$ 时，有 $R_{u,2}^{f*}>R_{u,2}^*$，从而 $f(R_{u,2}^{f*})<f(R_{u,2}^*)$，进而有 $\varphi_1^f<\varphi$。

接下来，由 φ_1^f 对 r_1 求导可得：

$$\frac{\partial\varphi_1^f}{\partial r_1}=\frac{\alpha D[E(R^*)-p(R_{u,2}^{f*})R_{u,2}^{f*}]}{(C+D)E(R^*)} \tag{2.17}$$

由命题2.1知 $R_{h,2}^{f*}=R_{h,2}^*$，即完全隐性保险下健康银行的2期最优风险的项目投资的预期回报仍为 $\mathrm{E}(R^*)=\mathrm{p}(R_{h,2}^*)R_{h,2}^*+[1-\mathrm{p}(R_{h,2}^*)]\gamma$，将其代入式(2.17)可得：

$$\frac{\partial\varphi_1^f}{\partial r_1}=\frac{\alpha D[\mathrm{p}(R_{h,2}^*)R_{h,2}^*]-\mathrm{p}(R_{u,2}^{f*})R_{u,2}^{f*}]+\alpha D[1-\mathrm{p}(R_{h,2}^*)]\gamma}{(C+D)\mathrm{E}(R^*)} \tag{2.18}$$

不妨令 $g(R)=\mathrm{p}(R)R$，易得 $\frac{\partial g(R)}{\partial R}=\mathrm{p}(R)[\varepsilon_{\mathrm{p}(R_2),R_2}+1]$，即当 $\varepsilon_{\mathrm{p}(R_2),R_2}<-1$ 时，$g(R)$ 是关于 R 的单调减函数。结合命题 2.1 易证，当 $\frac{D}{C+D}>\frac{\gamma(r_2-z^2)}{\alpha z(r_2-r_1 z)}$ 时，有 $R_{u,2}^{f*}>R_{u,2}^*>R_{h,2}^*$①，则有 $g(R_{h,2}^*)>g(R_{u,2}^{f*})$ 及 $\frac{\partial\varphi_1^f}{\partial r_1}>0$。由 φ_1^f 是关于 r_1 的单调减函数和关系式 $z\leqslant r_1$ 与 $z^2\leqslant r_2$，不难推知 $\varphi^f\leqslant\varphi_1^f$②。

所以，当 $\varepsilon_{\mathrm{p}(R_2),R_2}<\min\{-\eta,-1\}=-\eta$ 且 $\frac{D}{C+D}<\frac{\gamma(r_2-z^2)}{\alpha z(r_2-r_1 z)}$ 时，有 $\varphi^f\leqslant\varphi_1^f<\varphi$，进而有 $R_1^{f*}<R_1^*$。由此，可得命题 2.2：

命题 2.2 当 $\varepsilon_{\mathrm{p}(R_2),R_2}<-\frac{R_2[(C+D)\gamma-\alpha Dr_1]}{R_2[(C+D)\gamma-\alpha Dr_1]-(1-\alpha)Dr_2}$ 且

---

① 由命题 2.1 知：当 $\frac{D}{C+D}>\frac{\gamma(r_2-z^2)}{\alpha z(r_2-r_1 z)}$ 时，有 $R_{u,2}^{f*}>R_{u,2}^*$。由模型结构之假设知 $\frac{(1-\alpha)Dr_2}{(C+D)\gamma-\alpha Dr_1}>\gamma$，比较式(2.6)与式(2.4)可知 $R_{u,2}^*>R_{u,2}^*$。故当 $\frac{D}{C+D}>\frac{\gamma(r_2-z^2)}{\alpha z(r_2-r_1 z)}$ 时，有 $R_{u,2}^{f*}>R_{u,2}^*>R_{h,2}^*$。

② 由 $\frac{\partial\varphi_1^f}{\partial r_1}>0$ 和 $z\leqslant r_1$，我们有 $\varphi_1^f(z)\leqslant\varphi_1^f(r_1)=\varphi_1^f$，即：$\varphi_1^f(z)=\frac{[(C+D)\gamma-\alpha Dz]\mathrm{p}(R_{u,2}^{f*})R_{u,2}^{f*}+\alpha Dz\mathrm{E}(R^*)+(1-\alpha)Dr_2[1-\mathrm{p}(R_{u,2}^{f*})]}{(C+D)\mathrm{E}(R^*)}\leqslant\frac{[(C+D)\gamma-\alpha Dr_1]\mathrm{p}(R_{u,2}^{f*})R_{u,2}^{f*}+\alpha Dr_1\mathrm{E}(R^*)+(1-\alpha)Dr_2[1-\mathrm{p}(R_{u,2}^{f*})]}{(C+D)\mathrm{E}(R^*)}=\varphi_1^f$

再由 $z^2\leqslant r_2$ 知：

$\varphi^f=\frac{[(C+D)\gamma-\alpha Dz]\mathrm{p}(R_{u,2}^{f*})R_{u,2}^{f*}+\alpha Dz\mathrm{E}(R^*)+(1-\alpha)Dz^2[1-\mathrm{p}(R_{u,2}^{f*})]}{(C+D)\mathrm{E}(R^*)}\leqslant\frac{[(C+D)\gamma-\alpha Dz]\mathrm{p}(R_{u,2}^{f*})R_{u,2}^{f*}+\alpha Dz\mathrm{E}(R^*)+(1-\alpha)Dr_2[1-\mathrm{p}(R_{u,2}^{f*})]}{(C+D)\mathrm{E}(R^*)}=\varphi_1^f(z)$ 所以有：$\varphi^f\leqslant\varphi_1^f$。

$\frac{D}{C+D}>\frac{\gamma(r_2-z^2)}{\alpha z(r_2-r_1 z)}$时，完全隐性保险能降低银行 1 期的风险承担行为。

结合命题 2.1 知，当 2 期项目成功的概率弹性较小时①，完全隐性保险就越有可能鼓励了问题银行的整体性风险承担激励②。相反，当 2 期项目成功的概率弹性较大时 ③，完全隐性保险能降低问题银行的 1 期风险承担激励。这表明 2 期项目成功的概率弹性在某种程度上决定了完全隐性保险对问题银行风险承担行为的激励方向。当 2 期项目成功的概率弹性较小时，完全隐性保险越有可能鼓励问题银行的整体性风险承担激励；但当 2 期项目成功的概率弹性较大时，完全隐性保险能降低问题银行的 1 期风险承担激励。

通常，经济中项目成功的概率弹性分布受到了实体经济环境的决定性影响。当实体经济具有垄断性的微观基础时，经济中项目成功的概率弹性相应较低；而当实体经济具有竞争性的微观基础时，经济中项目成功的概率弹性相应较高。如果这一经验判断成立的话，我们还可以对命题 2.2 进行如下的表述：当 2 期实体经济具有垄断性的微观基础时，政府隐性保险越有可能鼓励问题银行的整体性风险承担激励；而当 2 期实体经济具有竞争性的微观基础时，政府隐性保险能降低问题银行的 1 期风险承担激励。

---

① 即项目成功的概率弹性 $\varepsilon_{p(R_2),R_2}$ 对应于区间 $\left[-\frac{R_2[(C+D)\gamma-\alpha Dr_1]}{R_2[(C+D)\gamma-\alpha Dr_1-(1-\alpha)Dr_2]},0\right]$。

② 整体性风险承担激励同时包括了 1 期和 2 期的风险承担激励。

③ 即项目成功的概率弹性 $\varepsilon_{p(R_2),R_2}$ 对应于区间 $\left[-\infty,-\frac{R_2[(C+D)\gamma-\alpha Dr_1]}{R_2[(C+D)\gamma-\alpha Dr_1]-(1-\alpha)Dr_2},0\right]$。

2.4 本章小结

传统的观点认为，政府隐性保险会引发较大的道德风险激励。然而，我们的模型揭示，政府对不同银行的隐性保险救助会产生不同的行为反应。完全隐性保险并不必然鼓励所有银行的风险承担行为，它只是可能地鼓励了问题银行的风险承担激励。完全隐性保险对问题银行的风险承担激励取决于其自身的资产负债（或资本充足）状况和实体经济的微观基础。要想系统性地降低银行业的风险承担激励，在改革既有的存款保险体制或引入新的存款保险制度时，也应对实体经济的微观基础进行适当的改造，以为银行业的稳健经营提供良好的、可持续增长的外部环境（张杰，2005；2007）。

同时，完全隐性保险对不同银行风险承担行为的激励效果，还受到了2期实体经济环境的决定性影响。当2期实体经济具有垄断性的微观基础时，完全隐性保险越有可能鼓励问题银行的整体性风险承担激励；而当2期实体经济具有竞争性的微观基础时，完全隐性保险能降低问题银行1期的风险承担激励。这表明政府在实施隐性保险政策时，必须要有与之相适应的实体经济微观基础或须对现有的实体经济进行相应地改造；且应具备足够的能力去甄别银行的"健康"状况，采取相机性的监管和救助策略，以求在道德风险弱化和银行业稳定与发展之间有所权衡。

政府隐性保险是我国银行业（特别是国有银行）长期在较低的资本充足水平下"正常经营"的重要条件，从而使银行业顺利地完成了吸收储蓄，支持经济发展的"国家使命"。在我国渐进改革的过程中，政府动用国家信用向国有银行提供隐性保险是银行不断获取储蓄资源，实现国家对金融资源的控制和对国有经济发展支持的重要保证(张杰，2003；2005；2007)，这种基于国家信用的隐性保险对经济发展有着巨大的贡献。国有银行的资本金实质上是国家声誉和居民储蓄之间达成的一种奇特的、稳定的资本联盟，国家声誉实际上在国有银行资本结构中长期充当着核心资本的角色(张杰，2003；2007)。正是由于国家声誉的隐性担保，才给消费者一种“幻觉”——高坏账、低资本的我国银行业是健康的银行，从而愿意把储蓄资金存入银行。从这个意义上，国家隐性保险一方面促进和维护了银行业的稳定与发展，保证了我国银行业长期在较低的资本充足水平下“正常经营”；另一方面，由于缺乏相应的微观经济基础(如高垄断、低竞争的实体经济)和银行质量(低资本、高负债等)，隐性保险弱化了市场约束，鼓励了银行业的风险承担行为，从而不断侵蚀了银行业“显性的资本基础”。国家信用在银行业发展过程中，肩负着“成也萧何，败也萧何”的角色。

结合我国政府的银行救助实践，完全隐性保险能解释四大国有银行等大型政府控股银行的部分风险承担行为。然而，前文的分析还表明，政府通常只对广大中小银行的个体储蓄进行隐性保险，而对其对公储蓄则实行部分保险或不予保险的政策。也就是说，政府对广大中小银行实行了不完全的隐性保险政策或策略，是希望那些未受隐性保险的消费者能对银行的风险承担行为采取一定的市场约束行动，以限制银行过度的风险承担行为。对于不完全隐性保险情形下的银行风险承担行为与市场约束激励，我们将在第 3 章讨论。

本章参考文献

[1] Diamond D, Dybvig P.. Bank runs, deposit insurance and liquidity [J]. Journal of Political Economy, 1983,91(3):401-419.

[2] Vaez-Zadeh R, Xie D, Zoli E.. MODIS: a market-oriented deposit insurance scheme [Z]. Working paper,IMF,2002.

[3] Nier E, Baumann U.. Market discipline,disclosure and moral hazard in Banking[J]. Journal of Financial Intermediation,2006,15:332-361.

[4] Hannan T. H.,Hanweck G. A.. Bank insolvency risk and the market for large certificates of deposit [J]. Journal of Money,Credit,and Banking,1988, 20:203 -211.

[5] Ellis D. M.,Flannery M. J.. Does the debt market assess large banks' risk? [J]. Journal of Monetary Economics,1992,30:481-502.

[6] Brewer E, Mondschean T. H.. An empirical test of the incentive effects of deposit insurance [J]. Journal of Money, Credit, and Banking, 1994, 26: 146-164.

[7] 李宗怡. 中国银行安全网构建基础研究[M]. 北京:经济管理出版社,2006, 2-3.

[8] 谢平,易诚. 建立我国存款保险制度的条件已趋成熟[N]. 金融时报,2004-11-12.

[9] 吴军,邹恒甫. 存款保险、道德风险与银行最优监管——一个分析框架及其在中国的应用[J]. 统计研究,2005,2:35-37.

[10] 张正平,何广文. 隐性保险、市场约束与我国银行业改革[J]. 金融研究,2005, 10:42-52.

[11] 张玉梅,赵勇. 隐性存款保险向显性存款保险转变对银行道德风险的影响[J]. 南方经济,2006,5:104-111.

[12] 张杰. 中国国有银行的资本金谜团[J]. 经济研究,2003,10:30-36.

[13] 张杰. 究竟是什么决定一国银行制度的选择——重新解读中国国有银行改革的含义[J]. 金融研究，2005，9：5-22.

[14] 张杰. 中国金融制度选择的经济学[M]. 北京：中国人民大学出版社，2007.

[15] Lee T.. Bank risk-taking, regulations and market discipline: three essays: [D]. Austin: The University of Texas, 2002.

[16] Boot B. S., Thakor A. V.. The economics of bank regulation [J]. Journal of Money, Credit and Banking, 1998, 30: 745-770.

[17] Blum J. M.. Subordinated debt, market discipline, and banks' risk taking [J]. Journal of Banking & Finance, 2002, 26: 1 427-1 441.

第3章　不完全隐性保险与银行业风险承担行为

既有文献往往不对政府隐性保险的操作实践进行区分,未能考察不同隐性保险方式对不同银行风险承担行为的不同作用机理。为此,本章在第2章研究的基础上,将完全隐性保险下的银行风险承担激励模型扩展到不完全隐性保险情形,比较研究了两种隐性保险的政策效果与环境依赖,研究了不完全隐性保险对银行风险承担行为的影响,给出了不完全隐性保险对不同银行风险选择的激励条件与边界。我们的研究发现:不完全隐性保险对健康银行的风险选择具有"屏蔽效应";在一定的条件下,不完全隐性保险能降低问题银行的整体性风险承担激励,但其效果取决于受保险的消费者类型和实体经济的微观基础;当银行业现有的风险承担倾向较高时,政府不完全的隐性保险政策要优于完全的隐性保险政策。

3.1　引言

从世界各国存款保险的操作实践来看,各国政府或监管当局对广大中小储户的个体存款普遍都实行全额的存款保险制度。政府对个体储户的隐性保险,一是为了保护广大中小储户的根本利益;二是为了维持储户对银行体系的信心,从而保证银行业的稳定与发展。然而,政府对机构投资者的存款(或投资)都有一种相当保守的保险倾向——实行不完全的保险或者不予保险,是希望这部分投资者能发挥其在信息收集和处理等方面的比较优势,能对银行的风险承担行为施加一定的市场约束,以限制银行更大的风险承担行为①。

现有的关于存款保险的文献,大都集中于显性的存款保险制度或显性保险与隐性保险之间的比较制度分析(Demirgüc-Kunt & Edward,2001;Demirgüc-Kunt & Huizinga,2004;何光辉,2003;张金宝、任若恩,2007 等),对我国隐性保险的操作现实只是偶尔散见于些许实证性的考察(张正平、何广文,2005;李燕平、韩立岩,2007 等);且人们在讨论隐性保险时,往往将其视同为“完全的隐性保险”,即政府在实施隐性保险政策时或对问题银行进行救助时,不对银行的消费者类型或储蓄存款类型进行区别对待。然而,在银行危机时期,政府对问题银行的储蓄存款更倾向于采取一种不完全的隐性保险策略,是希望以一种“建设性模糊”的救助方式,达到弱化银行和消费者再次获得政府救助的预期,从而降低银行的道德风险,鼓励消费者对银行的风险承担行为施加一定的市场约束。

为此,本章在第 2 章研究的基础上,将完全隐性保险下的银行风险承担激励模型扩展到不完全隐性保险情形,给出了不完全隐

---

① 理想的保险限额应包括账户数目中相当高的比例,但只包括系统中存款总量的较小比例(Garcia,1999)。国际货币基金组织对全球 72 个国家存款保险系统的一项调查发现,主要国家的存款保险都覆盖了银行存款账户数目的 90%,但它们只约占存款总量的 40%。这表明对小额储蓄存款(主要由活期存款构成)进行保险是国际普遍的潮流,对大额存款或大额存款人进行有限的存款保险或不保险,是希望这部分存款人能对银行的风险承担行为施加一定的市场约束。

性保险对不同银行风险选择的激励条件与边界，比较研究了完全隐性保险和不完全隐性保险对银行风险承担行为的政策效果与环境依赖，得出一些有意义的结论和启示。本章至少在以下两个方面对现有文献进行了补充：①给出了政府不完全隐性保险政策对不同银行风险选择的激励条件与边界；②比较研究了不完全隐性保险和完全隐性保险的政策效果与环境依赖。

3.2 理论模型

3.2.1 无隐性保险下的银行风险承担激励

由式(2.4)知，无隐性保险下的健康银行的 2 期最优风险选择 $R_{h,2}^*$ 满足下式：

$$\mathrm{p}'(R_{h,2}^*)R_{h,2}^*+\mathrm{p}(R_{h,2}^*)=\mathrm{p}'(R_{h,2}^*)\gamma \tag{3.1}$$

由式(2.6)知，无隐性保险下的问题银行的 2 期最优风险选择 $R_{u,2}^*$ 满足下式：

$$\mathrm{p}'(R_{u,2}^*)R_{u,2}^*+\mathrm{p}(R_{u,2}^*)=\mathrm{p}'(R_{u,2}^*)\frac{(1-\alpha)Dr_2}{(C+D)\gamma-\alpha Dr_1} \tag{3.2}$$

由式(2.8)知，无隐性保险下的银行 1 期的最优风险选择 R^* 满足下式：

$$\mathrm{p}'(R_1^*)R_1^*+\mathrm{p}(R_1^*)=\mathrm{p}'(R_1^*)\varphi \tag{3.3}$$

其中，$\varphi=\dfrac{[(C+D)\gamma-\alpha Dr_1]\mathrm{p}(R_{u,2}^*)R_{u,2}^*+\alpha Dr_1\mathrm{E}(R^*)+(1-\alpha)Dr_2[1-\mathrm{p}(R_{u,2}^*)]}{(C+D)\mathrm{E}(R^*)}$

3.2.2 不完全隐性保险对银行 2 期风险承担激励的影响

1) 对第一类消费者的隐性保险

由式(3.1)知，无隐性保险下的健康银行的 2 期最优风险选择条件不含有利率变量 r_1 和 r_2，所以政府隐性保险并不影响健康银行的 2 期风险承担行为。

式(3.2)给出了无隐性保险下的问题银行的 2 期最优风险选择条件；相应地，当政府仅对第 1 类消费者提供隐性保险时，则问题银行的 2 期最优风险选择条件变成为：

$$\mathrm{p}'(R_{u,2}^{\mathrm{p}1*})R_{u,2}^{\mathrm{p}1*}+\mathrm{p}(R_{u,2}^{\mathrm{p}1*})=\mathrm{p}'(R_{u,2}^{\mathrm{p}1*})\frac{(1-\alpha)Dr_2}{(C+D)\gamma-\alpha Dz} \quad (3.4)$$

这里，$R_{u,2}^{\mathrm{p}1*}$ 表示政府对第一类消费者的隐性保险下的问题银行的 2 期最优风险选择，其中，上标 p 表示不完全隐性保险；上标 1 表示对第一类消费者的隐性保险。同理，我们用 $R_{u,2}^{\mathrm{p}2*}$ 表示政府对第二类消费者的隐性保险下的问题银行的 2 期最优风险选择。

比较式(3.4)和式(3.2)，显然有 $\frac{(1-\alpha)Dr_2}{(C+D)\gamma-\alpha Dz}\leqslant\frac{(1-\alpha)Dr_2}{(C+D)\gamma-\alpha Dr_1}$，则有 $R_{u,2}^{\mathrm{p}1*}\leqslant R_{u,2}^{*}$。

2) 对第二类消费者的隐性保险

同理，当政府仅对第 2 类消费者提供隐性保险时，问题银行的 2 期最优风险选择条件为：

$$\mathrm{p}'(R_{u,2}^{\mathrm{p}2*})R_{u,2}^{\mathrm{p}2*}+\mathrm{p}(R_{u,2}^{\mathrm{p}2*})=\mathrm{p}'(R_{u,2}^{\mathrm{p}2*})\frac{(1-\alpha)Dz^2}{(C+D)\gamma-\alpha Dr_1} \quad (3.5)$$

比较式(3.5)和式(3.2)，显然有 $\frac{(1-\alpha)Dz^2}{(C+D)\gamma-\alpha Dr_1}\leqslant$

$\frac{(1-\alpha)Dr_2}{(C+D)\gamma-\alpha Dr_1}$，进而有 $R_{u,2}^{p1*}\leqslant R_{u,2}^{*}$。

可见，无论是对第 1 类消费者的隐性保险，还是对第 2 类消费者的隐性保险，均能无条件地降低问题银行的 2 期风险承担激励。由此，可得命题 3.1：

命题 3.1 不完全隐性保险不影响健康银行的 2 期风险承担行为；但不完全隐性保险能无条件地降低问题银行的 2 期风险承担激励。

同理，当政府同时对第一类消费者和第二类消费者提供隐性保险时，易得命题 3.2：

命题 3.2 完全隐性保险不影响健康银行的 2 期风险承担行为；当问题银行的资产负债率满足 $\frac{D}{C+D}>\frac{\gamma(r_2-z^2)}{\alpha z(r_2-r_1 z)}$ 时，完全隐性保险鼓励了问题银行的 2 期风险承担行为①。

命题 3.1 和命题 3.2 表明，不同隐性保险方式会导致不同银行的不同风险承担激励。政府隐性保险不改变健康银行的风险承担行为；当问题银行的资产负债率较高或资本充足水平较低时，完全隐性保险鼓励了问题银行的 2 期风险承担激励；但不完全隐性保险却能无条件地降低问题银行的 2 期风险承担激励。这表明，当一国银行业现有的风险水平较高时②，较之完全隐性保险，政府在将来采取不完全的隐性保险将是一项较优的政策选择。

---

① 命题 3.1 与第 2 章的命题 2.1 等同。

② 即当银行的资产负债率较高或资本充足水平较低时。

3.2.3 不完全隐性保险对银行1期风险承担激励的影响

1）对第一类消费者的隐性保险

按照式(3.3)相似的原理，当政府仅对第一类消费者提供隐性保险时，银行1期的最优风险选择条件相应地变成：

$$\mathrm{p}'(R_1^{\mathrm{p1}*})R_1^{\mathrm{p1}*}+\mathrm{p}(R_1^{\mathrm{p1}*})=\mathrm{p}'(R_1^{\mathrm{p1}*})\varphi^{\mathrm{p1}} \tag{3.6}$$

其中，$\varphi^{\mathrm{p1}}=\dfrac{[(C+D)\gamma-\alpha Dz]\mathrm{p}(R_{u,2}^{\mathrm{p1}*})R_{u,2}^{\mathrm{p1}*}+\alpha Dz\mathrm{E}(R^*)+(1-\alpha)Dr_2[1-\mathrm{p}(R_{u,2}^{\mathrm{p1}*})]}{(C+D)\mathrm{E}(R^*)}$

首先引入中间变量φ_1^{p1}，其表达式为：

$$\varphi_1^{\mathrm{p1}}=\frac{[(C+D)\gamma-\alpha Dr_1]\mathrm{p}(R_{u,2}^{\mathrm{p1}*})R_{u,2}^{\mathrm{p1}*}+\alpha Dr_1\mathrm{E}(R^*)+(1-\alpha)Dr_2[1-\mathrm{p}(R_{u,2}^{\mathrm{p1}*})]}{(C+D)\mathrm{E}(R^*)} \tag{3.7}$$

这里，不妨令：

$$f(R_2)=[(C+D)\gamma-\alpha Dr_1]\mathrm{p}(R_2)R_2+(1-\alpha)Dr_2[1-\mathrm{p}(R_2)] \tag{3.8}$$

由$f(R_2)$对R_2求导，不难推证得：

$$\frac{\partial f(R_2)}{R_2}=\frac{\mathrm{p}(R_2)}{R_2}\{R_2[(C+D)\gamma-\alpha Dr_1]-(1-\alpha)Dr_2\}[\varepsilon_{\mathrm{p}(R_2),R_2}+\eta] \tag{3.9}$$

这里令：$\varepsilon_{\mathrm{p}(R_2),R_2}=\dfrac{\partial\mathrm{p}(R_2)R_2}{\partial R_2\mathrm{p}(R_2)}$，表示银行2期项目投资成功的概率弹性，它取决于实体经济的微观基础和风险分布；且令$\eta=\dfrac{R_2[(C+D)\gamma-\alpha Dr_1]}{R_2[(C+D)\gamma-\alpha Dr_1]-(1-\alpha)Dr_2}$，显然$\eta>1$。

所以，当$\varepsilon_{\mathrm{p}(R_2),R_2}>-\eta$时，$f(R_2)$是关于$R_2$的单调增函数；再由命题3.1知$R_{u,2}^{\mathrm{p1}*}\leqslant R_{u,2}^{*}$，即有$f(R_{u,2}^{\mathrm{p1}*})\leqslant f(R_{u,2}^{*})$，从而有$\varphi_1^{\mathrm{p1}}\leqslant\varphi$。

再由 φ_1^{p1} 对 r_1 求导，易得：

$$\frac{\partial\varphi_1^{p1}}{\partial r_1}=\frac{\alpha D[\mathrm{E}(R^*)-\mathrm{p}(R_{u,2}^{p1*})R_{u,2}^{p1*}]}{(C+D)\mathrm{E}(R^*)}$$

$$=\frac{\alpha D\{[\mathrm{p}(R^*)R^*-\mathrm{p}(R_{u,2}^{p1*})R_{u,2}^{p1*}]+[1-\mathrm{p}(R^*)]\gamma\}}{(C+D)\mathrm{E}(R^*)} \tag{3.10}$$

不妨令 $g(R)=\mathrm{p}(R)R$，易得$\frac{\partial g(R)}{\partial R}=\mathrm{p}(R)[\varepsilon_{\mathrm{p}(R_2),R_2}+1]$，即当 $\varepsilon_{\mathrm{p}(R_2),R_2}<-1$ 时，$g(R)$是关于 R 的单调减函数；由于 $R_{u,2}^{p1*}>R^*$①，故有 $g(R_{u,2}^{p1*})<g(R^*)$，从而有$\frac{\partial\varphi_1^{p1}}{\partial r_1}>0$，即 φ_1^{p1} 是关于 r_1 的单调增函数。由 $z\leqslant r_1$，可得 $\varphi^{p1}=\varphi_1^{p1}(z)\leqslant\varphi_1^{p1}(r_1)=\varphi_1^{p1}$。结合 $\varphi_1^{p1}\leqslant\varphi$，则有 $\varphi^{p1}\leqslant\varphi$，进而有 $R_1^{p1}\leqslant R_1^*$。

可见，当$-\frac{R_2[(C+D)\gamma-\alpha Dr_1]}{R_2[(C+D)\gamma-\alpha Dr_1]-(1-\alpha)Dr_2}<\varepsilon_{\mathrm{p}(R_2),R_2}<-1$ 时，政府对第一类消费者的隐性保险能降低银行的 1 期风险承担激励。

2）对第二类消费者的隐性保险

同理，当政府仅对第二类消费者提供隐性保险时，银行 1 期的最优风险选择条件为：

$$\mathrm{p}'(R_1^{p2*})R_1^{p2*}+\mathrm{p}'(R_1^{p2*})=\mathrm{p}'(R_1^{p2*})\varphi^{p2}. \tag{3.11}$$

---

① 由式(3.4)知，当政府仅对第 1 类消费者提供隐性保险时，问题银行的 2 期最优风险选择条件是 $\mathrm{p}'(R_{u,2}^{p1*})R_{u,2}^{p1*}+\mathrm{p}(R_{u,2}^{p1*})=\mathrm{p}'(R_{u,2}^{p*})\frac{(1-\alpha)Dr_2}{(C+D)\gamma-\alpha Dz}$，将之与最优风险选择条件 $\mathrm{p}'(R^*)R^*+\mathrm{p}(R^*)=\mathrm{p}'(R^*)\gamma$相比较。由模型结构之假设 $\gamma[(C+D)\gamma-\alpha Dr_1]-(1-\alpha)Dr_2<0$ 知$\frac{(1-\alpha)Dr_2}{(C+D)\gamma-\alpha Dz}>\gamma$，故有 $R_{u,2}^{p1*}>R^*$。结合命题 3.1 知，较之未提供隐性保险下的问题银行的 2 期风险选择，尽管政府对第一类消费者的隐性保险能降低问题银行的 2 期风险承担激励，但其风险选择水平仍大于社会最优的风险水平。

其中，$\varphi^{p2}=\dfrac{[(C+D)\gamma-\alpha Dr_1]p(R_{u,2}^{p2*})R_{u,2}^{p2*}+\alpha Dr_1E(R^*)+(1-\alpha)Dz^2[1-p(R_{u,2}^{p2*})]}{(C+D)E(R^*)}$

由于当 $\varepsilon_{p(R),R}>-1$ 时，$g(R)$是关于 R 的单调增函数。再由命题3.1知 $R_{u,2}^{p2*}\leqslant R_{u,2}^*$，则有 $g(R_{u,2}^{p2*})\leqslant g(R_{u,2}^*)$，即有$[(C+D)\gamma-\alpha Dr_1]p(R_{u,2}^{p2*})R_{u,2}^{p2*}<[(C+D)\gamma-\alpha Dr_1]p(R_{u,2}^*)R_{u,2}^*$；由 $p'(.)<0$ 知 $p(R_{u,2}^{p2*})\geqslant p(R_{u,2}^*)$，结合 $z^2\leqslant\gamma_2$，则有$(1-\alpha)Dz^2[1-p(R_{u,2}^{p2*})\leqslant(1-\alpha)Dr_2[1-p(R_{u,2}^*)]$，故有 $\varphi^{p2}\leqslant\varphi$，进而有 $R_1^{p2*}\leqslant R_1^*$。

即当$-1<\varepsilon_{p(R_2),R_2}<0$ 时，政府对第二类消费者的隐性保险能降低银行的1期风险承担激励。由此，可得命题3.3：

命题3.3 当$-\dfrac{R_2[(C+D)\gamma-\alpha Dr_1]}{R_2[(C+D)\gamma-\alpha Dr_1]-(1-\alpha)Dr_2}<\varepsilon_{p(R_2),R_2}<-1$时，政府对第一类消费者的隐性保险能降低银行的1期风险承担激励；而当$-1<\varepsilon_{p(R_2),R_2}<0$ 时，政府对第二类消费者的隐性保险能降低银行的1期风险承担激励。

结合命题3.1知，当$\varepsilon_{p(R_2),R_2}\in(-1,0)$时，政府对第二类消费者的隐性保险能降低银行的整体性风险承担激励；当 $\varepsilon_{p(R_2),R_2}\in\left(-\dfrac{R_2[(C+D)\gamma-\alpha Dr_1]}{R_2[(C+D)\gamma-\alpha Dr_1]-(1-\alpha)Dr_2},-1\right)$时，政府对第一类消费者的隐性保险能降低银行的整体性风险承担激励；而当 $\varepsilon_{p(R_2),R_2}\in\left(-\infty,-\dfrac{R_2[(C+D)\gamma-\alpha Dr_1]}{R_2[(C+D)\gamma-\alpha Dr_1]-(1-\alpha)Dr_2}\right)$时，即使存在市场约束，政府不完全的隐性保险政策也可能地鼓励了银行的1期风险承担行为。

以上结论表明，2期项目成功的概率弹性在某种程度上决定了不完全隐性保险政策对问题银行风险承担行为的激励方向。当问题银行 2 期项目成功的概率缺乏弹性时，政府对第二类消费者的隐性保险能降低其整体性风险承担激励；当问题银行 2 期项目成功的概率弹性处于中等水平时，政府对第一类消费者的隐性保险能降低其整体性风险承担激励；而当问题银行 2 期项目成功的概率弹性处于高弹性区间时，政府不完全的隐性保险政策则可能地鼓励了其 1 期的风险承担激励。

结合第 2 章的分析，我们还可以对命题 3.3 进行如下的表述：当 2 期实体经济具有垄断性的微观基础时，政府对第二类消费者的隐性保险能降低问题银行的整体性风险承担激励；当 2 期实体经济具有竞争性的微观基础时，不完全隐性保险政策对问题银行风险承担激励的方向是不确定的，只有在 2 期项目成功的概率弹性处于有限的区间时，政府对第一类消费者的隐性保险才能降低问题银行的整体性风险承担激励①。

3.3 本章小结

传统观点认为存款保险可引致如下的道德风险：①存款保险使银行预期的倒闭概率降低，银行为了谋求自身的利润最大化，便会弱化对自身行为的约束，从事具有高风险的投资项目或资产组合，进而鼓励了银行的风险承担行为；②存款保险使存款人产生这样一种预期——将货币存入被政府保护或支持的银行是安全的，从而降低了对风险银行的筛选和监督激励，弱化了存款人对银行

① 因为由第 2 章的分析可知，当实体经济具有垄断性的微观基础时，经济中项目成功的概率弹性相应较低；而当实体经济具有竞争性的微观基础时，经济中项目成功的概率弹性相应较高。

的市场约束。

值得注意的是，这种对存款保险道德风险的判断通常是基于显性的存款保险制度或完全的隐性保险制度得出的，还没有文献对隐性保险的操作实践进行区分，并分别考察不同隐性保险方式对不同银行风险承担行为的影响。本章则对此进行了有益的探索，我们的研究发现不同隐性保险政策会导致不同银行的不同风险承担激励，政府隐性保险政策不改变健康银行的风险承担行为；当问题银行的资产负债率较高或资本充足水平较低时，完全隐性保险鼓励了问题银行的2期风险承担激励，但不完全隐性保险却能无条件地降低问题银行的2期风险承担激励。

它的政策含义是：当一国银行业现有的风险水平较高时，较之完全隐性保险，政府在将来采取不完全的隐性保险政策将是一项较优的选择。然而，从政府的操作实践和惯例来看，政府几乎无一例外的对问题金融机构采取了全额担保和"赔付"的政策[①]。自1995年以来的11起重要的金融机构市场退出案中，除广东信托投资公司以外，其他机构的债务清偿都由政府承担(李宗怡，2005)。对国有银行资本金侵蚀和不足问题，政府也数次出台了相关政策和措施来补充其资本金水平，如1998年发行2700亿元特别国债；成立资产管理公司剥离和处置银行不良资产；到最近的大额外汇储备注资等。无论是大银行、小银行；健康银行、问题银行，政府都

---

① 如谢平、易诚(2004)的研究发现，从近几年我国金融机构市场退出的实践来看，国家事实上承担了对银行存款的保险责任，我国实行的是国家对个人"全额偿付的隐性存款保险制度"。吴军、邹恒甫(2005)指出尽管我国并没有建立明确的存款保险制度，但实际上一直实行着隐性的"超级"存款保险制度。在我国，不仅四大国有银行以国家信用作后盾，即使在城市信用社的破产清理中，政府也通常对其储蓄存款全额兑付，由此看来，非国有银行事实上也搭上了国家隐性保险的"便车"(张正平、何广文，2005)。

动用了近乎全额的隐性保险政策。这种无视实体经济环境和银行"健康"状况，不加区分的政府保证和支持，实在是对问题银行的"奖励"和对健康银行的"惩罚"，扭曲了市场约束机制，激励了银行的风险承担行为，并且对国家施加了额外的负担，这样的政策注定会为将来新的、更大规模的、更深层次的银行危机埋下伏笔(Kane,2000)。

不完全隐性保险能否降低问题银行的整体性风险承担激励，取决于受保险的消费者类型和实体经济的微观基础。当实体经济具有垄断性的微观基础时，政府对第二类消费者的隐性保险能降低问题银行的整体性风险承担激励；当实体经济具有竞争性的微观基础时，政府不完全的隐性保险政策对问题银行风险承担激励的方向是不确定的，只有在有限的条件下，政府对第一类消费者(它主要由短期储蓄构成)的隐性保险才能降低问题银行的风险承担激励。这表明在银行危机管理过程中，对问题银行的短期存款进行救助，也可能地鼓励了问题银行的风险承担行为，由此引发的道德风险也是必须面对的问题。

第2章和第3章分别研究了完全隐性保险和不完全隐性保险对不同银行风险承担激励的不同作用机理。从理论上来讲，当政府对某类消费者的储蓄存款不提供隐性保险时，该类消费者有对银行风险承担行为采取市场约束行动的激励，然而，这并不意味着该类消费者一定就会采取市场约束行动。当银行和消费者之间存在较为严重的信息不对称时，比如银行不向消费者有效地披露其风险信息，或消费者不能观测或感知到银行的风险水平时，消费者仍将不会采取市场约束行动。就信息披露与市场约束的关系问题，我们将在第4章进行进一步的研究。

本章参考文献

[1] Garcia G. Deposit insurance: a survey of actual and best practices [Z]. Mimeo, IMF, 1999.

[2] Demirgüc-Kunt A., Edward K. J.. Deposit insurance around the globle: where does it work? [Z]. Working Paper, World Bank and Boston College, 2001.

[3] Demirgüc-Kunt A., Huizinga H.. Market discipline and deposit insurance [J]. Journal of Monetary Economics, 2004, 51: 375-399.

[4] 何光辉. 道德风险与存款保险额度的市场决定[J]. 财经研究, 2003, 32(1): 73-83.

[5] 张金宝, 任若恩. 基于商业银行资本配置的存款保险定价方法研究[J]. 金融研究, 2007, 1: 53-60.

[6] 张正平, 何广文. 隐性保险, 市场约束与我国银行业改革[J]. 金融研究, 2005, 10: 42-52.

[7] 李燕平, 韩立岩. 特许权价值, 隐性保险与银行风险行为——中国商业银行的经验分析[J]. 金融研究, 2006, 12: 82-91.

[8] Lee T.. Bank risk-taking, regulations and market discipline: three essays [D]. Austin: The University of Texas, 2002.

[9] Boot B. S., Thakor A. V.. The economics of bank regulation [J]. Journal of Money, Credit and Banking, 1998, 30: 745-770.

[10] Blum J. M.. Subordinated debt, market discipline, and banks' risk taking [J]. Journal of Banking & Finance, 2002, 26: 1 427-1 441.

[11] Diamond D., Dybvig P.. Bank runs, deposit insurance and liquidity [J]. Journal of Political Economy, 1983, 91(3): 401-419.

[12] 谢平, 易诚. 建立我国存款保险制度的条件已趋成熟[N]. 金融时报, 2004-11-12.

[13] 李宗怡. 中国银行安全网构建基础研究[M]. 北京：经济管理出版社，2006.

[14] Kane E. J.. Designing financial safety nets to fit country circumstances [Z]. Mimeo, World Bank, 2000.

[15] 吴军，邹恒甫. 存款保险，道德风险与银行最优监管——一个分析框架及其在中国的应用[J]. 统计研究，2005，2:35-37.

第4章 信息披露的市场约束机理与效应

银行披露关于其风险轮廓的信息越多，通常伴随着更大的市场约束，进而更强地约束了银行的风险承担行为。本章运用我国14家主要商业银行2000～2008年间的数据，实证研究了银行信息披露与其风险承担行为之间的关系，但没有证据表明信息披露能起到降低银行风险承担行为的作用，这或许与我国银行业特定的制度背景和市场环境有关。我国政府对银行存款普遍的隐性保险倾向可能地降低债权人的风险敏感性，扭曲了债权人的市场约束激励，导致了其市场约束的弱化。同时，银行业不强的市场与成本意识，使之即使观测到了来自债权人的市场约束行动，也未必有激励采取相应的响应行动。

4.1 引言

1997年金融危机在全球的泛滥使人们发现，不当的激励结构、道德风险和监管不力是导致银行危机的重要因素(Lindgren et al.，1996；Llewellyn，2000)，而次贷危机在全球的蔓延也昭示人们，金融业隐晦的信息披露乃是导致监管不力和市场约束弱化的重要诱因。因此，在法定监管之外引入适度激励兼容的市场因素，为市场参与者创造一种适当的、具有有效激励结构的监管框架是重要的，它能鼓励更多的私人市场力量对银行的风险承担行为进行应有的市场约束,实时"微调"银行的风险承担成本,降低银行的道德风险,最终达到增强行为约束和监管效果的目的。

通常的观点认为:市场约束能提高银行的风险承担成本,从而激励银行采取措施降低风险。但市场约束的有效运行还依赖于一系列的内外部条件,如政府对银行存款的隐性保险程度,市场上银行风险信息的可得性,银行对市场约束的成本启示等。在市场约束的作用路径中,信息披露给债权人提供了感知和判断银行风险的机会或途径,是债权人采取市场约束行动的前提。对欧美市场的研究认为,银行披露关于其风险轮廓的信息越多,通常伴随着更大的市场约束,进而更强地约束了其风险承担行为。同时,这一经验也获得了国际银行业最佳监管实践越来越多的重视。早在 1997 年,巴塞尔委员会就强调为建立一个稳定高效的金融体系和保证市场的有效运行,市场参与者应能获得准确、及时的信息。在 1999 年,巴塞尔委员会将市场约束作为新资本监管框架的三大支柱之一。2004 年更是把增强信息披露、提高透明度和市场约束看做重要的监管工具,特别希望银行能更大程度上地披露其风险信息,激励银行持有更多的资本缓冲来抵御其可能的支付危机(BCBS,2004)。

有鉴于此,本章基于 BANKSCOPE 数据库,运用我国 14 家主要商业银行 2000～2008 年间的数据,实证研究了银行信息披露与其风险承担行为之间的关系。我们的研究发现信息披露并未起到对银行风险承担行为的约束作用,这或许与我国银行业特定的制度背景和市场环境息息相关。我国政府对银行存款普遍的隐性保险倾向,在某种程度上降低了债权人对其债权的风险敏感性,扭曲了债权人的市场约束激励,导致了债权人市场约束的弱化。同时,国内银行业的改革尚处于制度转型之中，银行业不强的市场与成本意识，使之未必能对债权人的市场约束行动有较强的敏感性。进而言之，即使债权人采取了市场约束行动，也未必能“诱导”银行采取降低风险的响应行动。显然，以上两个机制均是信息披露发挥市场约束作用的前提，只要某一机制缺失或功能弱化，都会导致信息披露的市场约束功能失效或弱化。

以下的行文结构是这样安排的：接下来以文献综述的方式给出银行信息披露的市场约束过程与作用机理；第三部分则基于市场约束的作用机理，进行了相应的计量模型设计，并论证了模型的估计方法与检验原理；第四部分是实证研究；最后是结论与政策启示。

4.2 信息披露的市场约束机理

根据 Demirgüc-Kunt & Huizinga(2004)等人的精神，张强、佘桂荣(2006)给出了相对广义的市场约束定义：银行存款人、债权人、股东及其交易对手等利益相关者处于对自身利益的考虑，会在不同程度上关注银行的经营和风险状况，并根据其掌握的信息以及对这些信息的判断，在必要时采取一定的措施，影响与该银行有关的利率和资产价格，从而通过金融市场对该银行的经营产生约束作用，最终把管理落后或不稳健的银行逐出市场来迫使银行安全稳健经营的过程。

尽管张强、佘桂荣(2006)的定义没有提及数量约束，但它几乎囊括了市场约束的所有基本要素：①市场约束的主体是银行利益相关者，如存款人、未保险负债的债权人(如次级债债权人、CDs 债权人)等。②市场约束的方式是多样的，债权人可通过价格约束、数量约束等方式来限制银行更大的风险承担行为。③市场约束是债权人自主的约束行动,债权人基于对银行风险信息的掌握,以及对这些信息的敏感判断而采取的一种行为反应。这里,它至少涉及如下两个方面的问题:一是债权人必须能够观测到银行的风险水平或风险轮廓,也就是说,银行应合理地披露其风险信息;二是债权人能对银行的风险信息给予敏感的评价,但其评价受到了政府安全网对银行保护程度的重要影响,如政府隐性保险会在某种程度上降低债权人对银行风险信息的敏感性,从而"抵消"了债权人采取市场约束行动的激励。④银行对来自市场的约束行动有成本启示和行为反应,激励其采取措施改善管理和降低风险,发挥市场约束的"公司治理"效应。

Flannery(2001)和 Hamalainen et al.(2005)将市场约束过程划分为监测和控制两个阶段。市场约束要求:在监测阶段,债权人要能正确地理解银行风险特征的变化(前提是银行要合理地披露其风险信息),并将对银行风险的评价反馈到其债务的定价与交易中去;在控制阶段,银行要对债权人的市场约束行动有成本启示和行为反应。借鉴 Flannery(2001)和 Hamalainen et al.(2005)对市场约束阶段的划分,我们可对信息披露的市场约束过程进行如下阐释(见图 4.1)。在监测阶段,信息披露给债权人提供了识别和度量银行风险的机会,但如果债权人的隐性保险预期较强的话,债权人将没有激励采取市场约束行动,则市场约束不存在;如果债权人对政府隐性保险的政策预期不强或政府不对银行债权提供隐性保险时,债权人将有激励对银行的风险承担行为采取必要的约束行动,则市场约束存在。在控制阶段,如果银行对债权人的市场约束行动有成本启示,并采取措施降低其风险,则信息披露最终能起到降低银行风险承担行为的目的，此时市场约束是有效的；但如果银行对债权人的市场约束行动没有成本启示和行为反应，则市场约束仍将无效。由此可见，信息披露能否起到降低银行风险承担行为的作用，将取决于以下两个关键机制的存在性：第一，债权人市场约束行动的存在性，而它受到了政府隐性保险政策和预期的决定性影响；第二，市场约束"公司治理"效应的存在性，即银行能否对来自债权人的市场约束行动有成本启示和行为反应。这两个机制均是信息披露能否发挥市场约束作用的必备条件，缺一不可。另外，在信息披露的市场约束过程中，银行风险承担行为对信息披露的"逆反馈效应"尤应关注。如当银行的风险承担倾向较高时，为减轻市场对其自身行为的约束（如降低筹资成本等），银行可能会倾向于较少地披露其风险信息。也就是说，信息披露与风险承担行为是相互"内生"决定的，两者经济上的内在关系决定了建模基础。

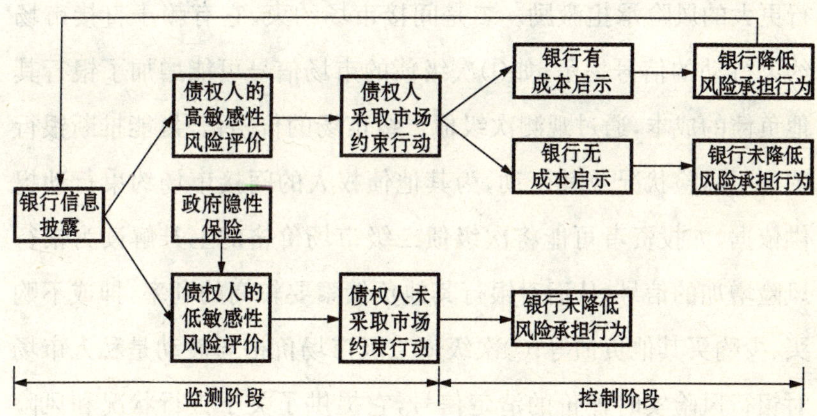

图 4.1　信息披露的市场约束机理

在市场约束的作用路径中，信息披露及其衍生的信号揭示功能对市场约束机制的启动具有重要意义。债权人只有在掌握关于银行风险与价值的有效信息后，才有可能对其债务进行相应的风险定价，也就是说，银行合理、有效地披露其风险信息是债权人采取市场约束行动的前提。值得注意的是，它只是一种事前的直接市场约束(ex-ante direct market discipline)，通过观察债权人直接市场约束过程中对银行风险与价值的市场评估，其他市场参与者还能推测银行的真实风险状况，这是直接市场约束的信号揭示功能，它有助于其他市场参与者间接市场约束行动(derived/indirect market discipline)的形成与效果。如巴塞尔委员会认为增强信息披露和引入次级债是提高市场约束的两种主要途径，而它们均与银行信息披露及其信号揭示功能紧密相关的。次级债的市场约束方式主要有两种：一是直接市场约束。当银行的风险水平较高时，投资者能以较低的价格购买、不购买或少购买其次级债，通过价格约束或数量约束的方式来提高银行的风险承担成本，从而限制银行更大的风险承担激励。二是间接市场约束，它有赖于直接市场约束行动的信号揭示，如①次级债的市场信号可能增加了银行其他负债的成本，通过观测次级债二级市场的价格信号，能推断银行的实际风险状况及其变动，为其他债权人的间接市场约束行动提供依据，如投资者可能将次级债二级市场价格的上升解读为银行风险增加的信号，从而对银行其他负债索要较高的利率，抑或不购买、少购买其他负债等；②次级债二级市场价格与波动是私人市场对银行风险实时评价的清楚信号，它提供了关于银行状况和风险承担行为的及时、准确的额外证据，为监管当局的迅速校正行动(Prompt Corrective Action)提供了必要的正当理由，有利于降低监管宽容和提高监管效率。

在信息披露的市场约束有效性(或最终效果)方面，Cordella &

Yeyati(1998)的研究发现：在完全信息披露情况下，银行的风险选择是可观察的，客户能够以高利率来“惩罚”银行更高的风险选择，则均衡时银行选择低风险、客户要求低利率；在没有信息披露的情况下，客户不能观察到银行的风险选择，不能以高利率来“惩罚”银行更高的风险选择，则均衡时银行选择最大风险，客户预期到银行的这种风险承担倾向，从而要求相应的高利率来补偿其风险预期。这表明银行向市场披露关于其风险轮廓的信息越多，市场约束应越强，从而均衡时的银行违约风险就越小。相反，当债权人不能观察到银行的风险轮廓或银行的信息披露不充分时，则市场约束效应较弱或缺失。后续的不少研究都认为，信息披露所引致的市场约束效应在某种程度上影响，甚至改变了银行的经营激励，限制了银行过度的风险承担行为，从而增进了银行、公众和社会的福利。Bhattachazya et al. (1998)认为银行对公众的信息披露有利于银行的审慎经营，降低了银行破产的可能性。Jordan et al. (1999)的实证研究表明在银行危机时期，问题银行的信息披露不但没有进一步恶化金融稳定，相反通过提供约束条件使金融市场运作更有效率。可见，信息披露是有助于当局监管效率的提升和社会福利的改进(陆磊，2000)。

通过对相关文献的回顾发现，我国学者已越来越多地关注银行风险承担行为的市场约束问题(如张强、佘桂荣，2006；许友传、何佳，2008a；许友传、何佳，2008b)，但截至目前，我们仍未见到对银行信息披露的市场约束效果的系统理论研究。有鉴于此，本章通过对既有文献的回顾与梳理，理论阐释了银行信息披露的市场约束过程与作用机理，并在此基础上进行针对性的计量建模，实证研究了我国主要商业银行信息披露的市场约束效应。

4.3 计量模型

4.3.1 风险资本缓冲

从银行债权人的视角来看，当银行出现偿付危机或濒临破产时，债权人关心的是银行资本对其债权的覆盖或缓冲程度，所以“资本占特定债务的比例”能刻画银行风险资本缓冲的持有状况。不妨将“股权/储蓄和短期资金”（以“CAP”表示）作为债权人评价银行风险状况的代理变量，它体现了银行对短期债务所持资本的缓冲水平。

“股权/储蓄和短期资金”是从银行负债的角度衡量资本对债权的覆盖程度，而资本充足率（以“CAR”表示）则从资产运用的视角来衡量银行的风险承担倾向（或投资组合倾向）。巴塞尔委员会定义了两类资本，一级资本或核心资本主要由股权、保留盈余等构成，它是真正意义上的银行损失的补偿途径；二级资本包括混合资本工具、长期债务资本工具、贷款损失准备等，尽管其不能为债权人的债务清偿提供直接的保证，但它为银行的储蓄损失提供了一种缓冲的途径(Herring,2004)。因此，资本充足率测度了银行资本对风险资产运用的覆盖程度，也是衡量银行抵御或缓冲偿付危机的重要指标。

4.3.2 信息披露

合理测度银行的信息披露程度是件复杂和困难的事情，结合我国银行业实际，我们基于 BANKSCOPE 数据库构造了一个直接的测度指标——信息披露指数(以“Index”表示)。我们根据银行是否提供的 20 个能反映其风险轮廓的关键指标来构建信息披露指数,我们的构建方法与 Nier & Baumann(2006)相似,但又不同。Nier & Baumann(2006)主要依据资产负债表来构建信息披露指数,侧重于体现银行的业务结构及其相关的风险结构,比率指标较少。我们则更多地基于比率指标来构建信息披露指数,这些指标不仅反映了银行的业务特征,还能反映银行诸多方面的风险特质或不同层面的风险轮廓①。BANKSCOPE 管理方根据各家银行的年报等信息,分门别类地整理、计算并提供了这些指标。信息披露指数是这样计算的:如果 BANKSCOPE 数据库提供了某行某年度的这 20 项指标中的某一项,则该项指标取值 1,否则取值 0;然后,将该行该年度的这 20 项指标得分求平均,即得该行该年度的信息披露指数②。

4.3.3　银行控制变量

我国商业银行的资本补充渠道主要有:自有存量资本金、上市

---

① 指标涵盖了资产负债表、收入表、信用风险状况和资本充足状况,其中反映资产负债信息的指标有:非赢利资产(Non-Earning Assets)、表外项目(Off Balance Sheet Items)、同业拆借比(Interbank Ratio)、净贷款/储蓄和借款(Net Loans/Tot Dep & Bor)、流动资产/储蓄和短期资金(Liquid Assets/Dep & ST Funding)、股权/净贷款(Equity/Net Loans)、股权/负债(Equity/Liabilities);反映收入表信息的指标有:净收入(Net Income)、净利息收益率(Net Interest Margin)、ROA(Return On Avg Assets)、ROE(Return On Avg Equity)、成本收入比(Cost To Income Ratio);反映信用风险状况的指标有:贷款损失准备(Loan Loss Provisions)、呆账准备金(Loan Loss Reserves(Memo)、不良贷款率(Impaired Loans/Gross Loans)、拨备覆盖率(Loan Loss Res/Gross Loans);反映资本充足状况的指标有:总资本(Total Capital)、核心资本(Tier 1 Capital)、资本充足率(Total Capital Ratio)、核心资本率(Tier 1 Ratio)。

② 需要说明的是,我们以简单加权的方式来计算信息披露指数,并没有考虑不同指标的信息内容的多寡,进而按照信息含量及其重要性分配不同的权重,这在理论和操作上都是极难办到的。因为我们无法确切知道不同风险的重要性程度。且不少比率指标是由数据库的管理方根据多个子项指标计算而得,不同的子项所包含的信息内容和信息质量难有可比性。

融资、发行次级债、政府注资等。为研究银行信息披露程度与其风险承担行为之间的关系，需引入如下的控制变量：①上市虚拟变量（以“Listing”表示），在银行上市当年或以后年度取值1，否则取值0；②次级债发行虚拟变量（以“SND”表示），如果银行当年发行了次级债取值1，否则取值0；③政府注资虚拟变量（以“Inject”表示），以反映政府此间对五大国有银行的资本注入；④政府隐性保险虚拟变量（以“Implicit”表示）。当政府对银行存款提供隐性保险时，会降低债权人对银行风险承担行为的监督激励，导致了债权人市场约束的弱化，从而可能地鼓励了银行更大的风险承担行为。因此，政府对任何系统性的重要银行危机都会“谨慎地”采取任何官方的正式救助行动，在危机管理时期，政府对问题银行的救助往往采取一种“建设性模糊”的态度（Goodhart & Huang，2005）。因此从市场参与者的角度来看，政府对问题银行的救助是不确定的，它取决于问题银行本身的重要性和政府所关心问题（Nier & Baumann，2006）。Fitch公共支持评级反映了该机构对银行获得来自政府支持的概率评价，该评级从1（几乎确定救助）到5（非常不可能救助）共5个等级。Gropp et al.（2002）的研究揭示当银行的公共支持评级大于等于3时，银行次级债的收益反映了其风险状况；但当银行的公共支持评级为1或2时，银行次级债的收益不反映其风险状况，即当市场认为政府对银行的支持是非常可能时，市场约束在很大程度并上不存在的。根据Gropp et al.（2002）和Nier & Baumann（2006）等人的研究，我们可对隐性保险虚拟变量进行如下定义：当Fitch评级表明政府救助是非常可能时（评级为1和2时），Implicit取值1；当Fitch评级认为政府救助的概率较低时（评级为3、4和5时），Implicit取值0。按照该定义，四大国有银行的

Implicit 取值 1，其他银行取 0。

4.3.4　模型与估计

由前述分析可知，可使用如下的面板回归模型来研究银行信息披露与其风险承担行为之间的关系：

$$\mathrm{CB}_{it} = \mathrm{constant} + \beta_1 \mathrm{Listing}_{it} + \beta_2 \mathrm{SND}_{it} + \beta_3 \mathrm{Inject}_{it} + \beta_4 \mathrm{Implicit}_{it} + \gamma_1 \mathrm{Index}_{it} + \mu_i + \nu_{it} \tag{4.1}$$

其中，CB 表示风险资本缓冲指标，本章分别以 CAP（股权/储蓄和短期资金）和 CAR（资本充足率）表示；u_i 是面板回归的个体成分或截面效应，在固定效应假设中 u_i 是常数，在随机效应假设中 u_i □ $N(0,\sigma_u^2)$；$\nu_{i,t}$ 是面板回归的异质成分或随机效应。

对式(4.1)的估计方法有多种，如组内估计（或固定效应估计）、组间估计、随机效应估计、最大似然估计(MLE)、可行的广义最小二乘估计(FGLS)等。但问题是：当银行的风险承担倾向较高时，为减轻市场对其自身行为的约束，银行倾向于较少地披露其风险信息。也就是说，银行风险承担行为可能地决定了其信息披露的质与量，这是典型的“内生性”问题。为获得一致的模型参数估计，需使用基于 2SLS（二阶段最小二乘法）的面板回归估计方法。在模型估计时，我们选择总资产的对数、经营收入的对数、ROE、存贷比（净贷款/客户储蓄和短期资金）、流动比率（流动资产/总资产）、贷款损失准备覆盖率（贷款损失准备/不良贷款）作为工具变量，它们均能体现银行风险轮廓的某些侧面。

对式(4.1)不妨令 $Z=[X_1, Y]$，$\delta'=[\beta', \gamma']$，这里 $X_1=$(Listing, SND, Inject, Implict)是 4 个外生变量集，$Y=$ Index 是内生变量。并令 $X=[X_1, X_2]$是所有外生变量集，其中 X_2 是 6 个工具变

量集。然后可对式(4.1)进行如下的矩阵表述:

$$\mathrm{CB}=Z\delta+u_1 \tag{4.2}$$

式(4.2)的误差成分为 $u_1=Z_\mu\mu_1+v_1$,其中 $Z_\mu=(I_N\otimes l_T)$,$\mu_1'=(\mu_{11},\mu_{21},\cdots,\mu_{N1})$,$\nu_1'=(\nu_{111},\nu_{211},\cdots,\nu_{NT1})$,且 $\mathrm{E}(u_1u_1')=\Omega=\sigma_{\mu_{11}}^2(I_N\otimes J_T+\sigma_{\nu_{11}}^2 I_{NT})$。不妨令 $Q=I_{NT}-P$,$P=I_N\otimes J_T$,对式(4.2)进行如下的转换:

$$Qy=QZ\delta+Qu_1 \tag{4.3}$$

令 $\tilde{y}=Qy$,$\tilde{Z}=QZ$,将 $\tilde{X}=QX$ 作为工具变量,对式(4.3)进行 2SLS 回归,可得**组内 2SLS 估计(或固定效应 2SLS 估计,简称 FE2SLS 或 W2SLS)**:

$$\tilde{\delta}_{\mathrm{FE2SLS}}=(\tilde{Z}'P_{\tilde{X}}\tilde{Z}')^{-1}\tilde{Z}'P_{\tilde{X}}\tilde{y} \tag{4.4}$$

令 $\bar{y}=Py$,$\bar{Z}=Zy$ 将 $\bar{X}=PX$ 作为工具变量,对式(4.3)进行 2SLS 回归,可得**组间 2SLS 估计(简称 B2SLS)**:

$$\hat{\delta}_{\mathrm{B2SLS}}=(\bar{Z}'P_{\bar{X}}\bar{Z}')^{-1}\bar{Z}'P_{\bar{X}}\bar{y} \tag{4.5}$$

对式(4.4)和式(4.5)的估计,也就相当于对如下联立方程的估计:

$$\begin{pmatrix}\tilde{X}'\tilde{y}\\ \bar{X}'\bar{y}\end{pmatrix}=\begin{pmatrix}\tilde{X}'\tilde{Z}\\ \bar{X}'\bar{Z}\end{pmatrix}\delta+\begin{pmatrix}\tilde{X}'\tilde{u}_1\\ \bar{X}'\bar{u}_1\end{pmatrix} \tag{4.6}$$

这里,$\mathrm{E}\begin{pmatrix}\tilde{X}'\tilde{u}_1\\ \bar{X}'\bar{u}_1\end{pmatrix}=0$;$Var\begin{pmatrix}\tilde{X}'\tilde{u}_1\\ \bar{X}'\bar{u}_1\end{pmatrix}=\begin{pmatrix}\sigma_{\nu_{11}}^2\tilde{X}'\tilde{X} & 0\\ 0 & \sigma_{1_{11}}^2\bar{X}'\bar{X}\end{pmatrix}$。

对式(4.6)进行 GLS 估计,可得**基于误差成分的 2SLS 估计(简称 EC2SLS)**:

$$\hat{\delta}_{\mathrm{EC2SLS}}=\left[\frac{\tilde{Z}'\mathrm{P}_{\tilde{X}}\tilde{Z}}{\sigma_{\nu_{11}}^{2}}+\frac{\bar{Z}'\mathrm{P}_{\bar{X}}\bar{Z}}{\sigma_{I_{11}}^{2}}\right]^{-1}\left[\frac{\tilde{Z}'\mathrm{P}_{\tilde{X}}\tilde{y}}{\sigma_{\nu_{11}}^{2}}+\frac{\bar{Z}'\mathrm{P}_{\bar{X}}\bar{y}}{\sigma_{I_{11}}^{2}}\right] \tag{4.7}$$

关于 $\sigma_{\nu_{11}}^{2}$ 和 $\sigma_{I_{11}}^{2}$ 的一致估计，可分别从 **FE2SLS** 和 **B2SLS** 的残差中获得：

$$\hat{\sigma}_{\nu_{11}}^{2}=\frac{(y-Z\tilde{\delta}_{\mathrm{FE2SLS}})'Q(y-Z\tilde{\delta}_{\mathrm{FE2SLS}})}{N(T-1)} \tag{4.8}$$

$$\hat{\sigma}_{I_{11}}^{2}=\frac{(y-Z\hat{\delta}_{\mathrm{B2SLS}})'Q(y-Z\hat{\delta}_{\mathrm{B2SLS}})}{N(T-1)} \tag{4.9}$$

将式(4. 8)和式(4. 9)分别代入式(4. 7)，即获得可行的 **EC2SLS 估计**。可以证明：当个体效应与解释变量不相关时，较之组间估计和组内估计，EC2SLS 方法能获得一致、更有效的参数估计。也就是说，EC2SLS 能否获得一致、更有效的参数估计，取决于面板回归的个体成分对回归自变量的条件期望是否为零，这可由豪斯曼模型设定检验(Hausman Model Specification Test)来验证。关于 2SLS 面板回归的豪斯曼模型设定检验原理，可参见 Baltagi (2005)和 STATA 公司的技术文本。

4.4　实证研究

4. 4. 1　样本、数据与描述统计

本研究样本为我国 14 家主要的商业银行，它们分别是工行、农行、中行、建行、交行、深发展、浦发、华夏、招商、民生、兴业、光大、

广发和中信，这也是国内文献最常用的分析样本[①]。基于 BANKSCOPE 数据库，我们整理了样本银行 2000～2008 年的相关报表数据。本章对“缺失”数据的处理原则是：如果 BANKSCOPE 完全缺失某行某年度的所有数据，则默认该行该年度的数据为“缺失值”，而不是该行该年度没有披露信息；如果 BANKSCOPE 提供了某行某年度的部分指标的数据，而其他指标的数据缺失，则对缺失的指标默认为该行该年度没有披露其相应的信息。

表 4.1 给出了关键变量的描述统计。从分类比较来看，国有银行此间的平均资本缓冲水平高于非国有银行，且其标准差小于非国有银行。从信息披露指数来看，样本银行此间的信息披露指数程度较高，总体差异不大，且相对而言，国有银行信息披露指数的差异略大于非国有银行。

表 4.1 关键变量的描述统计

	全样本银行			国有银行			非国有银行		
变量	CAP	CAR	Index	CAP	CAR	Index	CAP	CAR	Index
均值	4.8911	9.5930	0.8838	5.6184	10.9539	0.8865	4.5905	9.0033	0.8826
标准差	2.8347	2.9590	0.1203	2.0486	2.5461	0.1383	3.0638	2.9491	0.1122
最小值	1.060	2.300	0.600	1.370	6.000	0.600	1.060	2.300	0.632
最大值	16.550	21.500	1.000	9.270	14.400	1.000	16.550	21.500	1.000
观测数	106	86	113	31	26	35	75	60	78

注：国有银行包括工行、农行、中行、建行、交行。

① 在样本选择时，我们曾想将主要的城市商业银行纳入分析范围。但在 2004 年以前，我国仅有少量的城市商业银行进行过信息披露。2004 年的《城市商业银行监管与发展纲要》(银监办发〔2004〕291 号)才开始要求城市商业银行建立年度报告信息披露制度，并计划用 3 年左右的时间逐步推动城商行的信息披露工作。《城市商业银行监管与发展纲要》规划，2004 年初步选择 30 家左右的城商行按照年度报告的要求公开披露有关信息，2005 年应有 50 家左右的城商行公开披露信息，2006 年则争取所有城商行向社会公开披露信息。从城商行信息披露的实际执行情况来看，与监管当局的规划和要求是基本一致的。

4.4.2 实证结果

表4.2分别给出了CAP和CAR作为风险资本缓冲的测度时，银行信息披露的市场约束效应的FE2SLS、B2SLS和EC2SLS的估计。从表4.2可知，各种情形下的Wald统计量均显著，且豪斯曼模型设定检验接受原假设，表明较之固定效应估计(FE2SLS)和组间估计(B2SLS)，EC2SLS能获得一致、更有效的参数估计结果。

表4.2 信息披露的市场约束效应估计

风险资本缓冲	CAP	CAP	CAP	CAR	CAR	CAR
估计方法	FE2SLS	B2SLS	EC2SLS	FE2SLS	B2SLS	EC2SLS
Listing	2.1427***	−0.3367	1.8358***	2.1153**	2.2165	2.2662***
	[3.90]	[−0.28]	[3.95]	[2.33]	[1.15]	[2.78]
SND	−0.0181	−1.0246	−0.2090	−0.2546	1.6984	−0.2295
	[−0.44]	[−0.62]	[−0.52]	[−0.37]	[0.51]	[−0.34]
Inject	0.1267	0.4014	0.0506	−0.3232	−2.3167	−0.2754
	[0.15]	[0.05]	[0.06]	[−0.23]	[−0.13]	[−0.20]
Implict		2.3255*	2.9947***		4.3490*	3.6053***
		[1.93]	[4.58]		[1.66]	[2.62]
Index	−4.8111	9.8352	−3.5920	−28.1474***	20.1077	−23.4691***
	[−1.45]	[1.42]	[−1.27]	[3.81]	[0.93]	[−3.39]
constant	8.0457**	−5.0862	5.9965**	36.2511***	−13.3208	30.0745***
	[2.48]	[−0.83]	[2.21]	[4.95]	[0.63]	[4.34]
R^2	0.3360	0.7898	0.3349	0.4083	0.6405	0.4043
Wald统计量	29.70***	22.55***	34.94***	40.16***	10.69*	14.51**
Hausman统计量			6.48			3.59

注：1. “R^2”是面板回归系数；“Wald统计量”是对模型整体拟合效果进行检验的统计量；“Hausman统计量”是豪斯曼模型设定检验统计量；[·]表示估计参数的检验统计量。
2. ***，**，*分别表示统计量在1%，5%，10%的显著性水平上显著。

从表4.2可以发现，当以CAP作为银行风险资本缓冲的测度安排时，信息披露指数与风险资本缓冲之间呈不显著的负相关关系；当以CAR作为银行风险资本缓冲的测度安排时，信息披露指数与风险资本缓冲之间呈显著的负相关关系，表明信息披露未能发挥对银行风险承担行为的市场约束作用①。结合信息披露的市场约束机理可推知，其可能的原因是：①在政府隐性保险的强政策预期下，尽管银行披露了关于其风险轮廓的信息，但债权人对银行风险信息的敏感性大大降低了，从而未能对银行的风险承担行为采取相应的市场约束行动；②即使债权人观测到了银行的风险信息或风险承担行为，并采取了市场约束行动，但只要银行对来自债权人的市场约束行动没有成本启示，银行仍将没有激励采取措施降低其风险。这两个前提条件的可能缺失与我国银行业特定的制度背景和市场环境息息相关②。

上市与银行风险资本缓冲呈显著的正相关关系，即上市能显著

---

① 当信息披露能发挥对银行风险承担行为的市场约束作用时，信息披露指数与风险资本缓冲之间应是显著为正的相关关系，因为“信息披露越多，市场约束越强，银行的风险承担行为越小，从而持有的风险资本缓冲水平越高”。

② 监管当局允许或鼓励商业银行发行次级债，主要目的有三：一是由于次级债较之其他债务的绝对后偿性，银行能将其当做“资本”来使用，有助于银行在较短时期内迅速地补充或提高资本；二是鼓励更多的私人市场力量来监测、评估和定价银行风险；三鼓励银行更大程度上的披露其风险信息，增强银行经营的透明度。由于次级债债权人的偿付顺序严格劣于一般储户（或高级债债权人），次级债债权人有更强的动机要求银行披露更多的信息，以对银行的风险状况给予适度和全面的评价，从而作出是否购买、以多少价格购买、购买多少次级债的决策。而银行也有激励向市场披露更多的有助于评估其自身信誉的信息，以降低次级债的发行成本（Herring，2004）。次级债发行除了要披露与上市银行相似的信息披露外，还要按照有关当局的要求披露部分与债务发行有关的信息，并要得到被外部广泛认可的评级机构的正式评级，而该评级要比公共已知信息蕴含更多的信息（Kliger & Sarig，2000）。Corvitz & Harrison（2004）发现，次级债的发行要比其他债务的发行包含更多的信息内容，所以次级债发行也可被看做银行信息披露的另一种替代性测度安排。当将次级债发行作为银行信息披露的另一种间接测度时，则同样会产生内生性问题。为此需对式4.1进行修正，将信息披露指数和次级债发行作为模型的内生变量，工具变量不变，对模型进行重新估计。同样的，也不能找到信息披露能降低银行风险承担行为的显著证据。

提高银行的资本充足水平，且上市融资对股权的增加效应要大于短期负债的增加效应。因此从债权人的角度来看，上市显著提高了银行风险资本缓冲的持有水平，增强了银行股东对债权人的违约责任，降低了银行对债权人的违约风险。另外，国有银行此间风险资本缓冲水平的显著增加(即 Implict 的系数显著为正)表明，政府此间的隐性保险预期并未导致其更大风险承担行为的道德风险激励[①]。

4.5 本章小结

本章运用我国14家主要商业银行2000～2008年间的数据，实证研究了银行信息披露与其风险承担行为之间的关系。与欧美市场不同的是，我国银行的信息披露并未起到对银行风险承担行为的市场约束作用，它与我国银行业特定的制度背景和市场环境息息相关。我国政府对银行存款普遍的隐性保险倾向可能地降低了债权人的风险敏感性，扭曲了债权人的市场约束激励，导致了债权人市场约束的弱化。同时，银行业不强的市场与成本意识，使之未必有激励实时监测来自债权人的市场约束行动，并针对性地采取相应的响应行动。以上两个机制的缺失、弱化或不衔接，是信息披露未能发挥市场约束作用的关键。

通常的观点认为：信息披露降低了银行与监管当局、银行与债权人之间的信息不对称程度，从而有助于当局监管效率的提升和债权人市场约束的增强。但我们的研究发现，信息披露的市场约

① 这句话只是表明“政府隐性保险没有导致样本银行在样本期内更大风险承担行为的道德风险激励”，而不是说“政府隐性保险没有导致债权人的市场约束激励”。

束效果还将取决于以下两个关键条件：第一，债权人必须有风险意识。债权人的风险意识不仅取决于自身的风险偏好、资金禀赋等，还受到了国家隐性保险体制的重要影响，如当政府对银行业提供较为完全的隐性保险时，将会降低债权人对银行风险信息的敏感性，弱化债权人的市场约束激励。第二，银行必须有成本启示。面对债权人的市场约束行动，银行要有成本压力与意识，唯此它才有激励采取措施降低其风险。从某种意义上来讲，这两个条件均由一国金融体系的市场化程度内生决定①。推而广之，只有当金融体系的市场化程度较高，且银行能充分、有效地披露其风险信息时，来自债权人的市场约束行动才能真正发挥对银行风险承担行为的约束作用。

可见，信息披露能否发挥其市场约束功能还需有相应的制度基础和市场环境。为增强债权人的市场约束激励，政府应微调其隐性保险政策和操作惯例，逐步放弃或削弱对银行存款的全面隐性保险方式，如推行显性的存款保险制度，实行不完全的隐性保险策略，践行“建设性模糊”的政府救助态度等，这些制度安排要能向市场传递政府“不可救助”的可置信承诺，唯此债权人才会对其债权保持较高的风险敏感性，才有足够的激励对银行的风险承担行

---

① 首先，在金融市场化条件下（没有存款保险的情形下），当债权人观测到银行有更大的风险倾向或行为时，债权人将有激励采取市场约束行动，以此来提高银行的风险承担成本，约束银行的风险承担行为，而隐性保险体制的引入，无疑改变了金融市场化的本质属性，它外在地改变了债权人的风险敏感意识和监督激励。其次，当金融市场化程度特别高时，银行将以市场化的方式运营，它会对来自市场的约束行动保持较高的敏感性，并相机性地采取是否降低其风险行为的响应行动，以改变债权人的风险预期和约束激励，而我国的隐性保险体制、政府人为干预等，难免使银行的市场意识不是那么敏感，从而使之即使观测到了来自市场的约束行为，也未必有激励采取降低风险的响应行动。基于以上分析，本章推断“只有当金融体系的市场化程度较高，且银行能充分、有效地披露其风险信息时，来自债权人的市场约束行动才能真正发挥对银行风险承担行为的约束作用”。

为给予相应的风险定价与约束。但这远非是问题的全部，它只是信息披露发挥其市场约束功能的前提，而作为被约束主体的银行也应有较强的市场意识，它要能对来自债权人的市场约束行动有成本启示和压力，唯此它才有足够的内外部激励采取措施降低其风险。那么，该如何提高银行的市场意识和成本启示呢？无疑，建立存款等银行债务的市场化定价与交易机制是实现这一目标的根本途径。为此，当局应有步骤、分阶段地推行银行存款的市场化定价机制，逐步放松对银行存款的定价管制范围与程度，积极培育银行的市场定价和成本意识。

前述研究表明，当信息披露未能发挥对银行风险承担行为的市场约束作用时，可能的原因有：①政府隐性保险预期降低了债权人对银行风险信息的敏感性，从而未能采取有效的市场约束行动；②银行对来自债权人的市场约束行动没有成本启示和行为反应，即市场约束的“公司治理”效应缺失。由于数据可得性的限制等，我们无法研究“银行是否对债权人的市场约束行动有行为反应”，但基于 BANKSCOPE 数据库，我们能进一步探索我国银行业的市场约束存在性与市场约束行为，以及隐性保险体制对市场约束的影响等，具体研究将在第 5 章展开。

本章参考文献

[1] Lindgren C. J. ,Garcia G. ,Saal M. . Bank soundness and macroeconomic policy [Z]. Working Paper,IMF. 1996.

[2] Llewellyn D. T. . Some lessons for regulation from recent bank crises [J]. Open Economies Review,2000,11(1):69-109.

[3] Basel Committee on Banking Supervision(BCBS). The New Basel Capital Ac-

cord[S]. Consultative Document, Bank for International Settlements, 2004.

[4] Nier E., Baumann U.. Market discipline, disclosure and moral hazard in banking [J]. Journal of Financial Intermediation, 2006, 15: 332-361.

[5] Demirgüc-Kunt A., Huizinga H.. Market discipline and deposit insurance [J]. Journal of Monetary Economics, 2004, 51: 375-399.

[6] 张强，佘桂荣. 银行监管的市场约束理论进展[J]. 金融研究，2006，10：98-105.

[7] Flannery M. J.. The faces of market discipline [J]. Journal of Financial Services Research, 2001, 20: 107-119.

[8] Hamalainen P., Hall M., Howcroft B. A.. Framework for market discipline in bank regulatory design [J]. Journal of Business Finance & Accounting, 2005, 32: 183-209.

[9] Cordella T., Yeyati E. L.. Public disclosure and bank failures [Z]. Working Paper(No. 1886), CEPR, 1998.

[10] Bhattacharya S., Boot A. W. A., Thakor A. V.. The economics of bank regulation [J]. Journal of Money, Credit and Banking, 1998, 30: 745-770.

[11] Jordan J. S., Peek J., Rosengren E. S.. The impact of greater bank disclosure amidst a banking crisis[Z]. Working Paper(No. 99-1), Federal Reserve Bank of Boston, 1999.

[12] 陆磊. 信息结构、利益集团与公共政策[J]，经济研究，2000，12：3-10.

[13] 许友传，何佳. 隐性保险体制下城市商业银行的市场约束行为[J]. 财经研究，2008a，5：43-54.

[14] 许友传，何佳. 不完全隐性保险政策与银行风险承担行为[J]，金融研究，2008b，1：163-174.

[15] Goodhart C. A. E., Huang H. Z.. The lender of last resort [J]. Journal of Banking and Finance, 2005, 29: 1059-1082.

[16] Gropp R., Vesala J., Vulpes G.. Equity and bond market signals as leading

indicators of bank fragility [Z]. Working Paper(No. 150), European Central Bank, 2002.

[17] Baltagi B. H.. Econometric analysis of panel data [M]. John Wiley & Sons Ltd, 2005.

[18] Kliger D., Sarig O.. The information value of bond ratings[J]. Journal of Finance, 2005, 5(6): 2 879-2 902.

[19] Covitz D. M., Harrison P.. Do banks time bond issuance to trigger disclosure, due diligence, and investor scrutiny? [J]. Journal of Financial intermediation, 2004, 13: 299-323.

第5章　我国城市商业银行的市场约束行为

第4章的实证研究表明,我国主要商业银行的信息披露并未发挥对银行风险承担行为的市场约束作用,可能的原因有:①市场约束的“公司治理”效应缺失;②在政府隐性保险的强预期下,债权人并未对银行的风险承担行为采取了有效的市场约束行动(如张正平、何广文,2006)。但张正平、何广文(2006)只研究我国14家最主要的大中型商业银行的价格约束问题,且使用了只能体现银行风险轮廓某一侧面的风险指标来测度银行的风险,不同风险变量的选择势必对模型估计结果产生较大的影响,进而影响到对问题本质的解释。为此,本章以我国27家城市商业银行为样本,通过建立银行违约概率模型的方式,“集成”了能反映银行风险轮廓不同侧面的风险信息,用预期的银行违约概率来测度银行的总体风险水平,并分别从价格约束、数量约束、外部环境对市场约束的影响等视角,研究了隐性保险体制下的我国城市商业银行的市场约束行为。我们的研究发现:①我国城市商业银行的储蓄市场不存在显著的价格约束效应,但没有证据表明一定不存在数量约束效应。②政府隐性保险对银行债权人的价格决策和数量决策均有着显著的影响,且价格决策比数量决策、短期储蓄比长期储蓄受到了政府隐性保险更大的影响。③省会城市城商行的市场约束力度要弱于非省会城市城商行。

5.1　引言

对政策制定者来讲，确认市场约束的存在性是重要的。它为政策制定者在监管框架设计时，是否要引入市场约束，以及在多大程度上引入市场约束提供了必要的理论支撑和现实基础。既有文献大都通过对各种银行债务市场的交易价格是否对其风险信息作出逆向反应的视角，来检验市场约束的存在性，且有不少共性的地方，如：①基本都在显性存款保险体制下来研究市场约束的存在性，对隐性保险体制下的市场约束存在性及其相关机理关注不多，而这正是我国银行业市场约束赖以存在的制度背景。②大都从价格约束的层面来研究市场约束的存在性，对债权人的数量约束效应关注不足。③对银行风险的测度通常只能体现银行风险轮廓的某个侧面，而不能相对全面地刻画银行的总体风险水平[①]。

基于此，本章则基于银行公开信息构建了一个银行违约概率模型（或失败预测模型），用预期的违约概率来测度银行的总体风险水平，并分别从价格约束、数量约束、外部环境对市场约束的影响等视角，研究了隐性保险体制下的我国城市商业银行的市场约束行为。我们的研究发现：①我国城市商业银行的储蓄市场不存在显著的价格约束效应，但没有证据表明一定不存在数量约束效应。②政府隐性保险对银行债权人的价格决策和数量决策均有显著的影响，且价格决策比数量决策受到了政府隐性保险更大的影

① 如基于银行会计信息构造能反映银行资本充足状况、资产质量、管理能力、盈利能力和流动性等特征的指标，以此作为对银行风险的代理测度，但它们只能刻画银行风险轮廓的某一侧面。

响,短期储蓄比长期储蓄受到了政府隐性保险更大的影响。③省会城市城商行的市场约束力度要弱于非省会城市城商行。

以下的行文结构安排如下:第二部分分别从价格约束、数量约束、外部环境对市场约束的影响三个角度对相关文献进行了回顾与分析。第三部分是计量模型,首先对银行违约概率进行计量建模;接下来是对银行负债的交易价格和交易数量的度量;最后是计量模型、估计方法和估计原理。第四部分是实证研究,首先介绍了分析样本、数据来源和基本的描述统计;接着分别从价格约束、数量约束、外部环境对市场约束的影响三个方面进行计量建模和实证研究。最后是结论与政策含义。

5.2 文献回顾

当银行债权人的政府隐性保险预期不强时,他们将随时监测银行的风险轮廓,并根据银行风险特征的变化调整储蓄利率或储蓄数量,前者即为市场约束的价格效应;后者为市场约束的数量效应。

5.2.1 价格约束

绝大部分文献都从银行未保险负债的角度来研究市场约束的存在性。Baer & Brewer (1986); Hannan & Hanweck (1988); Brewer & Mondschean(1994)和 Park(1995)等发现定期大额存单利率随着银行风险的增加而显著增加。Ellis & Flannery(1992)将定期大额存单利率的变动与银行股价波动的消息联系起来,发现定期大额存单利率一般会随着市场对银行风险预期的变化而变化。

Gorton & Santomero(1990)通过对1983～1984年间次级债价差的研究发现,次级债价差对银行的会计风险测度不敏感性。Flannery & Sorescu(1996)的研究也发现,在1983～1984年间,银行层面的风险测度不能解释次级债的风险溢价;但当将样本期扩展到1989年以后,银行风险测度与次级债价差之间却存在显著的正相关关系。他们认为产生这种现象的原因有二:一是政府此间承诺要结束其"大而不倒"的隐性保险政策;二是《联邦存款保险改进法》于1991年实施,这两项政策的改变增强了未保险债权人对银行风险的敏感性,从而出现了市场约束。

Imai(2006)和张正平、何广文(2005)等从银行存款市场的角度来研究市场约束的存在性。Imai(2006)对日本政府降低储蓄保险覆盖率的研究发现,改革增强了银行存款市场的约束效应,但"大而不倒"的隐性保险政策预期部分地"抵消"了储蓄保险改革对市场约束的正向效应。张正平、何广文(2005)对我国14家主要商业银行1994～2003年数据的实证研究发现,我国银行业的市场约束力度非常微弱,在大多数情况下,银行的实际利息支出对其风险变化没有作出显著的反应,这种"反应迟钝"现象在不同性质的银行间几乎没有差异,他们认为这与国家隐性保险几乎覆盖所有银行密切相关①。

5.2.2　数量约束

也有部分文献试图从银行债务市场的交易数量,即银行资金

① 张正平、何广文(2006)的研究样本与本书第4章的实证样本相同。

的可得性方面来检验市场约束的存在性。大多数实证研究表明，当银行条件恶化时，数量约束提供了存款者对银行风险承担行为的约束证据。Gorton & Pennacchi(1990)的统计分析揭示预期有问题的银行其存款增长会放慢。Park(1995)和 Park & Peristiani (1998)的研究表明，在 20 世纪 80 年代，单个美国储贷机构的存款增长与其估计的违约概率负相关，这表明风险更高的储蓄机构有更小的存款增长。Peria & Schmukler(2001)发现，阿根廷、智利和墨西哥的银行存款能对会计风险测度指标作出逆向反应；智利的存款保险似乎最可信，未保险存款者是银行风险的有效监督者。Calomiris & Wison(1998)通过考察 1920～1930 年纽约市的银行样本发现，存款者能够成功地根据风险程度对银行进行区分，从而将资金转移至更为安全的银行。

市场约束存在性的检验视角是多维度的，且绝大部分文献都倾向于支持：当政府隐性保险政策预期不强时，银行债务市场存在一定的市场约束。不同文献之所以得出了一些似乎矛盾的结论，这可能源于他们所采用变量的不同构造方法、不同研究体系和研究背景(如时代背景、市场环境等)。但有几点是共性的：①市场约束的存在性在很大程度上取决于银行债权人能否对银行风险信息保持敏感性评价。当政府对银行业的保护力度较弱时(如取消“大而不倒”的隐性保险政策；实施不完全的隐性保险政策；政府储蓄保险机构的清偿力不足等)，银行债权人对其债权的违约风险的敏感性增强，他们更可能采取市场约束行动。②对具有相当规模和流动性的债务市场(如次级债市场)和资本市场(如银行股权市场)，机构投资者能对银行的风险承担行为施加更有效的市场约束。当市场具有足够的深度和流动性时，市场能更有效的生产和传递银行风险信息;同时,机构投资者也有收集和处理银行风险信息的比较优势和激励动力,他们能更有效地影响银行的经营决策和风险承担行为。③既有文献基本都在显性存款保险的制度背景下来考察市场约束的存在性,对隐性存款保险体制下的市场约束问题关注较少,这与显性存款保险制度在全球范围内的盛行是密不可分的。

5.2.3 外部环境对市场约束的影响

由于担心银行失败可能引发的系统性危机和金融不稳定,各国政府或监管当局通常要对问题银行采取央行再贷款、政府注资、国有化、鼓励健康银行收购问题银行等救助措施,而不是直接关闭它们(Imai,2006)。但政府的这些政策努力可能引发了如下的道德风险:①政府支持导致银行在选择高风险的资产组合时,无需支付较高的利率以补偿存款人的额外风险,从而鼓励了银行的风险承担行为。②存款人对政府提供的保护充满信心,监督银行风险承担行为的积极性降低。由此可见,隐性保险可能导致存款人市场约束的弱化,从而鼓励了银行更大的风险承担行为。如 Nier & Baumann(2006)的实证研究就表明,未保险储蓄降低了银行的风险承担激励,但当银行享有更高的政府支持时,未保险储蓄的市场约束作用有所降低。Imai(2006)对日本政府降低储蓄保险覆盖率的改革的研究也发现,"大而不倒"的隐性保险政策预期成为改革后存款利率和储蓄资源配置的一个更加重要的决定因素。

隐性保险是市场约束赖以存在的制度背景,而市场竞争环境则是市场约束赖以发生的市场因由。市场竞争环境会影响银行的特许权价值(charter value/franchise valuc),当市场竞争激烈时,银行的特许权价值会降低(Keeley,1990;Nier & Baumann,2006)[①]。Keeley (1990)发现20世纪80年代美国银行之间日益加剧的竞争降低了银行的特许权价值,并由此增强了它们冒险经营的动力。Nier & Baumann(2006)的实证研究表明,竞争增加了银行的风险承担激励,市场环境的竞争程度越激烈,市场对银行风险承担行为的"约束"就越弱[②]。由此可见,当市场竞争环境增强时,银行的特许权价值降低,市场约束应较弱,从而可能地鼓励了银行的风险承担行为。

5.3 计量模型

5.3.1 银行违约概率

不同文献采取了形式多样的替代办法来刻画银行的风险水平。通常,这些风险测度只能体现银行风险轮廓的某一侧面,而不能对银行的总体风险水平进行相对完整的刻画。为了将反映银行风险轮廓的不同侧面的风险信息"集成"起来,本章则通过建立银

---

① 特许权价值是指一国政府为确保银行业的稳健经营而施加的公开的或隐性的保护。它主要有两个来源:一是管制者限制市场竞争,从而为银行提供了获取垄断利润的机会;二是银行之间的效率差异或借贷关系等方面的价值。当银行承担过高的风险,并由此导致银行破产时,银行将失去绝大部分的特许权价值。因此,在特许权价值的激励下,银行会谨慎地从事风险业务,尽可能地控制其风险承担行为。从这个意义上来说,特许权价值有利于银行的稳健经营,从而构成了银行经营活动中的一种自律手段(Keeley,1990)。

② 也有不少文献研究了特许权价值和银行风险承担行为之间的关系。如 Galloway et al.(1997)研究了1977～1994年间特许权价值对美国银行业风险承担行为的影响。他们的研究发现,在样本期间特许权价值高的银行较为谨慎地进行投资,而特许权价值低的银行则倾向于过度冒险。Gropp & Vesala(2002)对1991～1998年间欧盟银行的研究证实,银行风险与特许权价值之间存在显著的负相关关系。Konishi & Yasuda (2004)对日本银行的研究也发现特许权价值的降低显著增加了银行风险。

行失败预测模型的方式，以预期的违约概率作为对银行总体风险水平的测度安排。

以前的研究表明，基于公共信息进行计量建模来识别问题银行，预测银行失败取得了良好的效果。在这些研究中，Logit 回归使用最多，且获得了合理的效果（Barth et al.，1985；Thomson，1991；Park，1995 等）。也有部分文献采用了更加复杂的模型和估计方法，如比例危险模型（Whalen，1991；Molina，2002）、两步 Logit 模型（Thomson，1992）等，但结果是相似的。

在建立银行失败预测模型时，我们遇到了一个切实的问题。自 1995 年以来，我国破产和关闭的银行机构基本上都是地方性银行和信用社组织，这些机构的财务信息严重匮乏，这注定我们不可能根据法定的破产银行样本来建立失败预测模型，而只能从非法定的破产（如经济破产）银行样本入手。按照破产标准的不同，银行失败可分成三种：①被当局公告清算或关闭的银行，它包括法定破产和公告破产两种。②准失败银行，是指那些被暂停支付、注资、重组或受到存款保险组织援助的银行。③经济破产银行，从经济意义上来讲，它们已经“破产”或处于“破产”的边缘，只是在政府保护或隐性保险的支持下才得以继续运营。基于破产银行的数据可得性和我国银行业的实际情况，本章将采用对银行破产的第三种定义方式和定义标准。

Logit 回归是根据“CAMEL”评级标准来选择解释变量的，以前的研究揭示，这些变量对银行破产或违约有着显著的解释力（Park，1995；Daley et al.，2007）。解释变量分别从银行资本充足状况、资产质量、管理能力、盈利能力和资产流动性五个方面来选择，它们能体现银行风险轮廓的不同侧面。表 5.1 给出了这些变量的名称、标识及定义。

表 5.1 影响银行违约风险的代理变量名称、标识及定义

风险轮廓	标识	定 义	对违约概率的预期影响
资本充足	C01	股权/总资产	—
	A01	净贷款/总资产	+
资产质量	A02	净贷款/储蓄和短期资金	+
	A03	非盈利资产占比	+
	M01	成本收入比	+
管理能力	M02	管理费/总资产	+
	M03	非利息支出/平均资产	+
	E01	ROAE	—
盈利能力	E02	净利息收益率	—
流动性	L01	流动资产占比	—

注：BANKSCOPE 数据库没有直接提供"非盈利资产占比"和"流动资产占比"这两项指标，我们是根据其分项指标计算而得。这里，流动资产占比＝流动资产/总资产。

Martin(1977)；Lane et al.(1986)；Thomson(1992)和 Estrella et al.(2000)等研究发现资本充足测度对银行失败具有良好的预测能力。鉴于我国城市商业银行资本充足状况的信息披露不足，且资本充足率可能存在的监管资本套利等，本章选择"股权资本占总资产的比例"作为银行资本持有水平的测度安排，银行的股权资本占总资产的比例越大，其破产的概率应越小。

Demirgüc-Kunt & Detragiache(1999)等人观察到信贷扩张与银行危机强相关，特别在宏观经济萧条时期，过快的信贷扩张更是银行危机的普遍促进因素。Bongini et al.(2000)发现贷款增长率是东亚银行萧条和危机的良好预测指标。如果银行不能谨慎地按

照资金来源进行匹配的资金运用的话，就有可能产生如下的双重效果：①信贷扩张过快可能产生较大的信用风险和不良贷款；②信贷的过度扩张使银行的资产负债结构严重失衡（不匹配），从而引发偿付性危机。基于此，本章选择"净贷款/总资产"、"净贷款/储蓄和短期资金"作为银行信贷扩张的代理变量，它们分别体现了银行根据其资金来源进行风险资产运用的倾向，前者是根据总的资金来源配置风险资产的水平[①]；后者则是根据负债资金来源配置风险资产的水平。另外，"非盈利资产占比"体现了银行的资产结构和资产质量，一般来说，银行的非盈利资产越多，其盈利能力和资产质量越差，则预期的违约概率越大。

"成本收入比"、"管理费/总资产"、"非利息支出/平均资产"分别对应于CAMEL评级中的"M"，反映了银行的管理能力。Daley et al.(2007)的实证研究发现，管理效率是决定经济危机时期银行失败和幸存的重要因素。Meyer & Pifer(1970)和Wheelock & Wilson(2000)也强调银行行为和管理能力对其生存与发展的重要性。"成本收入比"是单位主营业务收入应投入的营业费用，成本收入比越小，说明银行的业务管理能力和盈利能力越强，从而预期的违约概率越小。"管理费/总资产"和"非利息支出/平均资产"均体现了银行经营过程中非营业支出的比例，预期这两项指标均与银行违约风险正相关。

"ROAE"、"净利息收益率"分别对应于CAMEL评级中的"E"，反映了银行的盈利能力，它们分别测度了银行股权资本和生息资产的盈利能力，预期均与银行违约概率负相关（Thomson,

---

① 这是因为"负债资金来源＋股东资金来源＝总资产"。

1992;Bongini et al.,2000)。最后,"流动资产占比"对应于 CAMEL 评级中的"L",反映了银行资产的流动性,预期它与银行违约概率负相关(Lane et al.,1986)。

定义了银行违约概率模型的因变量和自变量后,我们就可进行如下的 Logit 回归:

$$\text{logit}(P)=\ln\left(\frac{p_i}{1-p_i}\right)=\text{constant}+\beta_1 C01+\beta_2 A01+\beta_3 A02+\beta_4 A03+\beta_5 M01+\beta_6 M02+\beta_7 M03+\beta_8 E01+\beta_9 E02+\beta_{10} L01+\varepsilon \quad (5.1)$$

这里,p_i 表示银行 i 的破产概率。鉴于文献一般使用杠杆比率[杠杆比率=(股权资本+贷款准备-不良贷款)/总资产]来评价银行的经营与风险状况,且取零作为银行破产的临界值,所以本章也将沿用这种定义方式。当银行 i 的杠杆比率小于零时,银行 i 经济破产,p_i 取值 1;否则取值 0。

式(5.1)也可表述为,在给定信息集 X=(1,C01,A01,A02,A03,M01,M02,M03,E01,E02,L01)条件下,银行 i 的违约概率 p_i 的条件期望为:

$$\Pr(p_i|X)=F(\beta X) \quad (5.2)$$

其中,$F(x)=\frac{e^x}{1+e^x}$为 Logistic 分布函数;β=(constant,β_1,β_2,β_3,β_4,β_5,β_6,β_7,β_8,β_9,β_{10})。

在获得参数 β 的估计值$\hat{\beta}$之后,对式(5.2)进行简单变换,即可获得银行预期违约概率$\hat{P}$:

$$\hat{P}=\frac{\exp(\hat{\beta}X)}{1+\exp(\hat{\beta}X)} \quad (5.3)$$

Logit 回归结果见表 5.2。模型的拟 R^2 是 0.54,Wald 统计量

为 52.59，高度显著，表明模型的整体拟合效果良好。在 10 个解释变量中，有 7 个解释变量（C01、A01、A03、M01、M02、E01、L01）获得了预期的符号，且 3 个解释变量（A01、M01、L01）在 1%的显著性水平上显著；1 个解释变量（C01）在 5%的显著性水平上显著；2 个解释变量（A03、E01）在 10%的显著性水平上显著；但有 1 个解释变量（M02）不显著。在 3 个没有获得预期符号的解释变量中（A02、M03、E02），有 2 个解释变量（M03、E02）在 5%的显著性水平上不显著，只有 1 个解释变量（A02）与违约概率呈显著为负的相关关系。以上分析表明，尽管有个别变量存在非一致的预期符号，但模型整体拟合效果良好，模型能相对合理、全面地刻画银行的违约风险。

表 5.2　银行违约概率的 Logit 建模

变量	系数	稳健标准误差	z	P>|z|	95%置信区间	
C01(−)	−0.5132	0.2596	−1.98	0.0480	−1.0221	−0.0044
A01(+)	0.4661	0.1278	3.65	0.0000	0.2155	0.7166
A02(+)	−0.3889	0.1028	−3.78	0.0000	−0.5903	−0.1875
A03(+)	0.1009	0.0590	1.71	0.0870	−0.0148	0.2166
M01(+)	0.1238	0.0448	2.76	0.0060	0.0360	0.2116
M02(+)	2.3782	2.0834	1.14	0.2540	−1.7051	6.4615
M03(+)	−2.5339	1.5072	−1.68	0.0930	−5.4880	0.4203
E01(−)	−0.1307	0.0702	−1.86	0.0620	−0.2683	0.0068
E02(−)	0.4763	0.7793	0.61	0.5410	−1.0511	2.0037
L01(−)	−0.2439	0.0727	−3.36	0.0010	−0.3864	−0.1015
constant(?)	−0.9944	4.1501	−0.24	0.8110	−9.1285	7.1396
Pseudo R^2		0.5414	Wald chi2		52.5900	
-2Log pseudo-likelihood		−68.8235	Prob>chi2		0.0000	

注：( )中表示该变量预期的符号。

5.3.2 债务价格和交易数量

检验市场约束的存在性，也即要确定银行债务市场的交易价格或交易数量与其违约风险之间的关系。在解决了银行违约风险的测度问题后，建模时至少还涉及如下两个方面的问题：一是如何根据公开信息确定银行债务市场的交易价格和交易数量；二是使用何种方法对面板模型进行估计，以确定债务市场交易价格或交易数量与银行违约风险之间合理、稳健的关系。

BANKSCOPE 数据库没有专门地提供银行付息负债、付息率等数据，但报告了银行已付利息(interest paid)和客户储蓄等数据，这样，我们可用“已付利息/客户储蓄”(简称“付息率”，以 Interest Ratio 表示)作为银行储蓄市场交易价格的测度安排。至于银行储蓄市场的交易数量，则可用客户储蓄来度量[①]。但应该注意到的是，不同规模的银行其客户储蓄差异显著，直接使用客户储蓄作为银行储蓄市场交易数量的代理变量会产生较大的异方差现象，所以，本章采用“客户储蓄/总资产”(简称“客户储蓄占比”，以 Deposit Ratio 表示)作为银行储蓄市场交易数量的代理变量，以尽可能降低随机项的异方差。

5.3.3 模型与估计

债权人对银行风险的评价与判断不仅受到银行自身风险大小的影响，还受到了政府隐性保险政策预期的重要影响。政府隐性

---

① 客户储蓄等于银行短期客户储蓄和长期客户储蓄之和，短期客户储蓄和长期客户储蓄分别对应于 BANKSCOPE 数据库中的“short-term deposits <1 year”和“long-term deposits >1 year”两个变量。

保险会降低债权人对银行风险信息的敏感性，从而弱化了债权人对银行风险承担行为的市场约束激励。对四大国有银行而言，人们普遍认为它们受到了政府完全的隐性保险支持（张正平、何广文，2006 等），而我们的研究对象是地方性的城市商业银行，政府隐性保险对城市商业银行的支持力度就只能间接度量。Flannery & Rangan (2004)等人的研究发现，大银行倾向于持有较低的资本水平，并将其可能的原因归结为：①规模越大的银行，其“大而不倒”的隐性保险预期越强，这种隐性保险预期可能地鼓励了银行的风险承担行为，从而持有较少的资本缓冲来抵御其可能的支付危机。②大银行能够较好地分散其借贷组合或资产组合，从而降低资产对异质风险的暴露程度。由于本章的研究对象是地方性城市商业银行，它们的经营范围狭小，资产运用渠道相对简单，预期城市商业银行的资产规模与其资产组合的分散化关系不强，所以可用资产规模作为银行受到政府隐性保险支持力度的代理变量(Goodhart & Huang，2005；Daley et al.，2007 等)[①]。

在 t 期，债权人根据银行披露的公开信息构建银行违约概率模型，从而得到银行 t 期的预期违约概率。在 $t+1$ 期，债权人根据银行 t 期预期违约概率的大小（或升降）来决定是否采取市场约束行动，以及采取多大强度的市场约束行动。

为考察银行储蓄市场的价格约束和数量约束效应，可分别用付息率和客户储蓄占比对预期违约概率的滞后值和总资产的对数

---

① 从世界各国存款保险的操作实践来看，各国政府或监管当局对广大中小储户的个体存款普遍都实行全额的存款保险制度。谢平、易诚(2004)的研究发现，我国实行的是国家对个人“全额偿付的隐性存款保险制度”。鉴于个体存款在我国城市商业银行储蓄资金来源中的重要位置，以及银行资产规模和储蓄存款之间的高度相关性，我们也能预期资产规模与银行受到政府隐性保险的支持力度呈强正相关。

(LogAsset)进行如下的面板回归:

$$\text{InterestRatio}_{i,t}=\text{constant}_1+\alpha_1\hat{P}_{i,t-1}+\beta_1\text{LogAsset}_{i,t}+u_i+v_{i,t} \quad (5.4)$$

$$\text{DepositRatio}_{i,t}=\text{constant}_2+\alpha_2\hat{P}_{i,t-1}+\beta_2\text{LogAsset}_{i,t}+u_i+v_{i,t} \quad (5.5)$$

其中,i 表示银行,t 表示时间。u_i 是面板回归的个体成分;$v_{i,t}$ 是面板回归的异质成分。在固定效应假设中,u_i 是常数;而在随机效应假设中,u_i 服从正态分布 $N(0,\sigma_u^2)$。

如果存在价格约束效应,则 α_1 应显著大于0;如果存在数量约束效应,则 α_2 应显著小于0。由于银行规模越大,其受到政府隐性保险支持的力度越大,从而破产(或违约)的风险越小,则其付息率越小,存款增长越多,所以预期 $\beta_1<0$;$\beta_2>0$。

对式(5.4)和式(5.5)的估计方法有多种,如组内估计(或固定效应估计)、组间估计、随机效应估计、可行的广义最小二乘估计(FGLS)等。其中,组内估计忽略了样本随截面变动的信息;组间估计则忽略了样本随时间变动的信息;而随机效应估计能同时处理样本随截面变动和随时间变动的所有信息,它是组内估计和组间估计的加权平均(Chiao,2003;Blatagi,2005)。随机效应估计能否获得无偏,一致的参数估计结果需要满足两个前提:一是面板回归的个体成分必须存在随机效应,这可用 Breusch & Pagan 的拉格朗日乘子检验来验证;二是面板回归的个体成分对回归自变量的条件期望为零,这可由 Hausman 模型设定检验来完成。对随机效应估计,Amemiya(1971)和 Swamy & Arora(1972)两种估计方法在平齐数据(balanced data)条件下能获得相同的估计结果,但在非平齐数据和小样本条件下,Swamy & Arora 方法能获得更好的估计结果。当固定效应估计、组间估计和随机效应估计均不显著,且面板回归的个体成分对回归自变量的条件期望为零时，使用 FGLS 能获得无偏、一致的模型估计结果。

5.4　实证分析

5.4.1　样本，数据来源和描述统计

本研究分析样本为我国 27 家主要的城市商业银行，其中，省会城市城商行 14 家；非省会城市城商行 13 家①。基于 BANKSCOPE 数据库，我们整理了该库 2005 年和 2006 年度关于样本银行的相关报表数据，样本期间为 2000～2006 年。

由表 5.3 的描述统计可知，样本银行的预期违约概率的均值为 0.3994(标准差为 0.3808)，其中，省会城市城商行的预期违约概率的均值为 0.4244(标准差为 0.3878)；非省会城市城商行的预期违约概率的均值为 0.3705(标准差为 0.3737)。

表 5.3　主要变量的描述统计

变量\统计量	样本城商行			省会城市城商行			非省会城市城商行		
	均值	标准差	观测数	均值	标准差	观测数	均值	标准差	观测数
预期违约概率	0.3994	0.3808	125	0.4244	0.3878	67	0.3705	0.3737	58
付息率(%)	2.4206	1.3777	114	2.0806	1.1894	64	2.8558	1.4879	50

① 省会城市城商行有：北京银行(原北京市商业银行)、上海银行(原上海市联合银行)、天津城商、重庆商业银行、西安城商、长沙城商、石家庄城商、成都城商、南昌城商、济南城商、杭州城商、武汉市商业银行、南京银行(原南京市商业银行)、徽商银行(原合肥市商业银行)；非省会城市商业银行有：东莞城商、扬州城商、烟台城商、厦门城商、无锡城商、温州城商、苏州城商、绍兴城商、九江城商、青岛城商、大连城商、宁波银行(原宁波商业银行)、深圳商业银行。其中，直辖市所在地的城商行作为省会城市城商行对待。

（续表）

变量\统计量	样本城商行			省会城市城商行			非省会城市城商行		
	均值	标准差	观测数	均值	标准差	观测数	均值	标准差	观测数
客户储蓄占比	0.4694	0.1443	118	0.5163	0.1171	66	0.4100	0.1543	52

注：付息率＝已付利息/客户储蓄＝已付利息/（短期客户储蓄＋长期客户储蓄）。

从债务价格来看，样本银行的平均付息率2.4206%（标准差为1.3777%），其中，省会城市城商行的平均付息率为2.0806%（标准差为1.1894%）；非省会城市城商行的平均付息率为2.8558%（标准差为1.4879%）[①]。从交易数量来看，样本银行的客户储蓄占比的均值为0.4694（标准差为0.1443），其中，省会城市城商行的客户储蓄占比的均值为0.5163（标准差为0.1171）；非省会城市城商行的客户储蓄占比的均值为0.4100（标准差为0.1543）。

5.4.2 价格约束

价格约束效应的模型估计结果见表5.4。组内估计和组间估计的F统计量均不显著，Amemiya和Swamy & Arora两种随机效应估计的Wald统计量也不显著，说明这四种估计方法的模型整体拟合效果不好。Breusch & Pagan拉格朗日乘子检验表明模型存在随机效应；且Hausman模型设定检验表明面板回归的个体成分对回归自变量的条件期望为零，这表明用FGLS估计能获得无偏、一致的参数估计。由表5.4可知，FGLS估计的Wald统计量为24.23，在1%的显著性水平上高度显著，模型整体拟合效果良好。但让我们意外的是，银行付息率和预期违约概率之间存在显著的

① 由于付息负债不仅包括客户储蓄，还包括同业存放款、向央行借款、向同业借款等，所以较之实际的银行付息率（付息率＝已付利息/付息负债），本章定义的付息率有所高估。

负向关系，说明我国城市商业银行的储蓄市场不存在价格约束效应，这可能源于政府隐性保险的强作用。模型的 FGLS 估计表明，银行规模与付息成本显著负相关，即规模越大的银行，其付息成本越低，这与隐性保险和银行规模正相关的观点是一致的。

表 5.4　价格约束效应估计

指标\估计方法	固定/组内	组间	Amemiya	Swamy-Arora	FGLS
Constant	3.9517	4.0638***	4.0205***	4.0180***	4.5284***
α_1	−0.4926	0.1635	−0.415	−0.419	−0.4681**
β_1	−0.1316	−0.1817	−0.1487	−0.1483	−0.2261***
R^2	0.0383	0.0837	0.0217	0.0214	
F/Wald	1.17	1.00	3.41	3.41	24.2300***
Breusch and Pagan LM			61.7500***	61.7501***	
Hausman Specification Test			0.73	0.63	
Number of obserations	86	86	86	86	86
Number of groups	25	25	25	25	25

注：1. F/Wald 是对模型整体拟合效果进行检验的统计量，当使用组内、组间两种估计方法时，用 F 统计量可检验模型所有参数是否同时为零；当使用 Amemiya、Swamy-Arora 和 FGLS 三种估计方法时，需用 Wald 统计量来检验模型所有参数是否同时为零。"Breusch and Pagan LM"是 Breusch and Pagan 拉格朗日乘子检验，用来检验模型是否存在随机效应；"Hausman Specificaiton Test"是 Hausman 模型设定检验，如果接受原假设，则用 FGLS 估计能获得无偏、一致的参数估计结果。FGLS 估计考虑了截面异方差的影响。

2. ***，**，* 分别表示 z 统计量在 1%，5%和 10%的显著性水平上显著。

5.4.3　数量约束

与价格约束模型相似，组内估计、组间估计、Amemiya 估计和 Swamy & Arora 估计均不显著，但 Breusch and Pagan 拉格朗日乘子检验表明模型存在随机效应；且 Hausman 模型设定检验表明面板回归的个体成分对回归自变量的条件期望为零。使用 FGLS 估计获得了显著的模型估计结果，银行预期违约概率与客户储蓄占比呈不显著的正向关系，即没有证据表明银行储蓄市场一定不存在数量约束效应(见表 5.5)。表 5.5 还揭示,规模越大的银行,其客户储蓄占比越大,这与规模越大的银行,政府对其隐性保险支持力度越大的观点是一致的。

表 5.5　分城市类型的市场约束估计

约束类型	因变量	自变量	样本银行	省会城市	非省会城市
数量约束	储蓄占比	α_2	0.0041	0.0922^{***}	−0.0605
		β_2	0.0501^{***}	0.1255^{***}	0.0204^{***}
		Wald	17.23^{***}	76.84^{***}	59.41^{***}
	短期储蓄占比	α_2	0.6149	4.8723	−3.8456
		β_2	4.3556^{***}	8.8761	2.1104^{***}
		Wald	22.72^{***}	41.92^{***}	123.15^{***}
	长期储蓄占比	α_2	−0.3133	−0.3349	-2.922^{***}
		β_2	0.0883^{*}	0.6961	−0.0500
		Wald	4.09	1.76	9.93^{***}
价格约束	付息率	α_2	-0.4681^{**}	-0.6185^{*}	−0.3451
		β_2	-0.2261^{***}	-0.3342^{***}	-0.1423^{***}
		Wald	24.2300^{***}	15.55^{***}	9.89^{***}

注:1. 本表只报告了模型关键变量和统计量的估计结果。
2. Hausman 检验均接受原假设,表明用 FGLS 能获得无偏、一致的模型参数估计。本表在进行 FGLS 估计时考虑了截面异方差的影响。
3. ***,**,* 分别表示 z 统计量在 1%,5%和 10%的显著性水平上显著。

从储蓄存款的期限结构来看,尽管银行预期违约概率与其长期储蓄占比(长期客户储蓄/总资产)呈负相关关系,但五种估计方法的模型拟合和模型参数均不显著。由于短期储蓄在银行总储蓄中占有绝对的权重,从而对短期储蓄占比(短期客户储蓄/总资产)的模型估计结果与对储蓄占比的模型估计结果相似。规模越大的银行,其储蓄占比越高,且银行规模对短期储蓄占比的影响远大于长期储蓄占比，这表明短期储蓄比长期储蓄受到了政府隐性保险更大的影响。

5.4.4　竞争环境对市场约束的影响

根据城市商业银行注册地是否属于省会城市，我们对样本银行进行了分类，并分别对省会城市城商行和非省会城市城商行进行了数量约束与价格约束的建模(见表 5.5)。模型估计结果显示：①省会城市城商行的储蓄市场一定不存在数量约束；而非省会城市城商行则存在可能的数量约束(预期违约概率为负，但不显著)。②从储蓄存款的期限结构来看：非省会城市城商行的短期储蓄与银行预期违约概率呈不显著的负相关关系，这表明非省会城市城商行的短期储蓄存在可能的数量约束，而省会城市城商行不具有这种关系(预期违约概率为正，且不显著)。省会城市城商行的长期储蓄与银行违约概率尽管负相关，但模型拟合效果不显著，表明省会城市城商行的数量约束效应不明；而非省会城市城商行的长期储蓄存在显著的数量约束效应。③从价格约束来看，没有证据表明省会城市城商行和非省会城市城商行存在价格约束效应，这是因为较之数量决策，政府隐性保险对银行债权人的价格决策影响更大。省会城市城商行和非省会城市城商行的预期违约概率均与付息率均呈负相关关系，且省会城市城商行在 10%的显著性水平下显著，而非省会城市城商行不显著，这表明省会城市城商行的价格约束力度比非省会城市城商行更弱。

从隐性保险的作用机制来看，政府隐性保险同时作用于银行债权人的数量决策和价格决策。表 5.5 揭示，规模越大的银行，其受到政府隐性保险支持的力度越大，从而预期的银行违约风险越小，储户索要的存款利率越小或储蓄数量越大。较之长期储蓄，银行短期储蓄受到政府隐性保险政策预期的更大影响。

以上分析至少有两点值得强调：第一，政府隐性保险对银行债权人的数量决策和价格决策均有显著影响，且价格决策比数量决策受到了政府隐性保险的更大影响，短期储蓄比长期储蓄受到了政府隐性保险的更大影响，这与政府一贯的政策实践和市场惯例相符。第二，省会城市城商行的市场约束力度要弱于非省会城市城商行。可能的原因是，随着我国银行业改革的大力推进，为增强其核心竞争力和盈利能力，各大银行纷纷撤并了经济相对落后地区、经济欠发达地区的附属机构，将机构和业务重心向中心城市收拢，加之外资银行的大举进入，我国省会城市银行之间的同业竞争明显增大，激烈的市场竞争降低了银行的特许权价值，从而导致了市场约束效应的弱化。

5.5 本章小结

市场约束的存在性获得了理论界广泛的关注，但这种约束作用赖以存在的制度背景通常都是显性的存款保险制度。相反，理论界对隐性保险体制下的市场约束行为关注较少，而政府隐性保险在我国银行业发展过程中一直存在，并发挥了至关重要的作用，但人们对其作用机制的研究和了解普遍不多。为此，本章以我国27家城市商业银行为研究样本，通过建立银行违约概率模型的方式，“集成”了能反映银行风险轮廓不同侧面的风险信息，用预期的银行违约概率来测度银行的总体风险水平。我们不仅从价格约束层面，还从数量约束、外部环境对市场约束的影响等视角，研究了隐性保险体制下的我国城市商业银行的市场约束行为。

我们的研究发现:①政府隐性保险对银行债权人的数量决策和价格决策均有显著的影响,且价格决策比数量决策受到了政府隐性保险更大的影响,短期储蓄比长期储蓄受到了政府隐性保险更大的影响。②我国省会城市城商行的储蓄市场不存在数量约束效应,而非省会城市行则存在可能的数量约束效应;同时,没有证据表明我国城市商业银行存在价格约束效应。③省会城市城商行的市场约束力度要弱于非省会城市城商行。

其政策含义有:①政府隐性保险降低了银行债权人的风险敏感性,从而未能对银行的风险承担行为采取有效的市场约束行动。为鼓励私人市场力量更有效地发挥对银行风险承担行为的市场约束作用,政府应“放松”或“取消”对银行业的隐性保险政策,如实行部分的隐性保险政策;践行“建设性模糊”的政府救助态度;实施显性的存款保险制度等。②政府在进行市场化改革,鼓励市场竞争的同时,也可能降低了银行的特许权价值,进而又可能地鼓励了银行更大的风险承担行为,从而“削弱”或“抵消”了私人市场力量对银行风险承担行为的约束激励。这表明市场竞争和市场约束可能是“两难”的选择,这是监管当局在法定监管之外,引入市场约束时必须考虑和面对的问题。

结合张正平、何广文(2006)的研究,我们基本可以作出如下判断:我国银行业的市场约束力度是相当“微弱”的。既然在政府隐性保险政策的强预期下,我国银行债权人的市场约束激励较低,那么,该如何增强私人市场力量对银行风险承担行为的市场约束激励呢?通常,增强信息披露(或提高银行经营的透明度)和强制性次级债要求能提高银行债权人的市场约束激励和市场约束效果。

对银行信息披露的市场约束效应及其相关机理，本书第4章已有研究；接下来，我们将对次级债的市场约束机理进行系统的理论研究，力争为监管当局相关政策的制定提供一定的理论参照。

本章参考文献

[1] 张正平，何广文. 隐性保险、市场约束与我国银行业改革[J]. 金融研究，2005，10：42-52.

[2] Baer H.，Brewer E.. Uninsured deposits as a source of market discipline：a new look [J]. Quarterly Journal of Business and Economics，1986，24：3-20.

[3] Hannan T. H.，Hanweck G. A.. Bank insolvency risk and the market for large certificates of deposit [J]. Journal of Money，Credit，and Banking，1988，20：203-211.

[4] Brewer E. III.，Mondschean T. H.. An empirical test of the incentive effects of deposit insurance [J]. Journal of Money，Credit，and Banking，1994，26：146-164.

[5] Park S.. Market discipline by depositors：evidence from reduced-form equations [J]. Quarterly Review of Economics and Finance，1995，35：497-514.

[6] Ellis D. M.，Flannery M. J.. Does the debt market assess large banks' risk? [J]. Journal of Monetary Economics，1992，30：481-502.

[7] Gorton G.，Santomero A. M.. Market discipline and bank subordinated debt：note [J]. Journal of Money，Credit and Banking，1990，22(1)：119-128.

[8] Flannery M. J.，Sorescu S. M.. Evidence of bank market discipline in subordinated debenture yields：1983-1991 [J]. Journal of Finance，1996，51：1 347-1 377.

[9] Imai M.. Market discipline and deposit insurance reform in Japan [J]. Journal of Banking & Finance，2006，30：3 433-3 452.

[10] Gorton G..，Pennacchi G.. Financial intermediaries and liquidity creation

[J]. Journal of Finance, 1990, 45: 49-72.

[11] Park S., Peristiani S.. Market discipline by thrift depositors [J]. Journal of Money, Credit, and Banking, 1998, 30(3): 347-364.

[12] Peria M. M., Schmukler S.. Do depositors punish banks for bad behavior? market discipline, deposit insurance, and banking crises? [J]. Journal of Finance, 2001, 56: 1 029-1 051.

[13] Calomiris C. W., Wilson B.. Bank capital and portfolio management: the 1930' capital crunch and scramble to shed risk [J]. Journal of Business, 2004, 77(3): 421-455.

[14] Nier E., Baumann U.. Market discipline, disclosure and moral hazard in Banking [J]. Journal of Financial Intermediation, 2006, 15: 332-361.

[15] Avery R. B., Belton T. M., Goldberg M. A.. Market discipline in regulating bank risk: new evidence from the capital markets [J]. Journal of Money, Credit and Banking, 1988, 11: 547-610.

[16] Keeley M. C.. Deposit insurance, risk and market power in banking [J]. American Economic Review, 1990, 80: 1 183-1 200.

[17] Galloway T. M., Lee W. B., Roden D. M.. Banks' changing incentives and opportunities for risk taking [J]. Journal of Banking &Finance, 1997, 21: 509-527.

[18] Gropp R., Vesala J.. Deposit insurance, moral hazard and market monitoring [Z]. Federal Reserve Bank of Chicago Bank Structure Conference Proceedings, 2002: 5.

[19] Konishi M., Yasuda Y.. Factors affecting bank risk taking: evidence from Japan [J]. Journal of Banking & Finance, 2004, 28: 215-232.

[20] Barth J. R., Dan B. J., Daniel S., Wang G. H. K.. Thrift-institution failures: causes and policy issues [Z]. Proceedings of the 21st Annual Conference on Bank Structure and Competition, 1985: 184-216.

[21] Thomson J. B.. Predicting bank failures in the 1980s [J]. Federal Reserve Bank of Cleveland Economic and Review, 1991, 1: 9-20.

[22] Whalen G.. A proportional hazards model of bank failure: an examination of its usefulness as an early warning tool [J]. Federal Reserve Bank of Cleveland Economic and Review, 1991, 1: 21-23.

[23] Molina C. A.. Predicting bank failures using a hazard model: the Venezuelan banking crisis [J]. Emerging Markets Reviews, 2002, 3: 31-50.

[24] Daley J., Matthews K., and Whitfield K.. Too-big-to-fail: bank failure and banking policy in Jamaica [J]. Journal of International Financial Markets, Institutions & Money, 2007, doi: 10.1016/j. intfin. 2006. 12. 002.

[25] Martin, D.. Early warning of bank failure: a logit regression approach[J]. Journal of Banking & Finance, 1977, 1: 249-276.

[26] Lane W., Looney S., Wansley W.. An application of the Cox proportional hazards model to bank failure [J]. Journal of Banking & Finance, 1986, 10: 511-531.

[27] Estrella A., Park S., Peristiani S.. Capital ratios as predictors of bank failure [J]. Federal Reserve Bank of New York Economic Policy Review, 2000, 33-52.

[28] Demirgüc-Kunt A., Detragiache E.. Monitoring banking sector fragility: a multivariate logit approach [Z]. Working Paper(No. 147), IMF, 1999.

[29] Bongini P., Claessens S., Ferri G.. The political economy of distress in East Asian financial institutions [J]. Journal of Financial Services Research, 2001, 19(1): 5-22.

[30] Meyer P. A., Pifer H. W.. Prediction of bank failures [J]. Journal of Finance, 1970, 25: 853-868.

[31] Wheelock D. C., Wilson P. W.. Why do banks disappear? The determinants of U. S. bank failures and acquisitions[J]. The Review of Economic and Sta-

tistics,2000,1:127-138.

[32] Flannery M. , Rangan K.. What caused the bank capital build-up of the 1990s? [Z]. Working Paper, FDIC Center for Financial Research, 2004.

[33] Goodhart C. A. E. , Huang H. Z.. The lender of last resort [J]. Journal of Banking and Finance, 2005, 29: 1 059-1 082.

[34] 谢平,易诚. 建立我国存款保险制度的条件已趋成熟[N]. 金融时报，2004-11-2.

[35] Hisao C.. Analysis of panel data [M]. Cambridge University Press, 2003.

[36] Baltagi B. H.. Econometric analysis of panel data [M]. John Wiley & Sons Ltd. , 2005.

[37] Amemiya T.. The estimation of the variance in a variance-component model [J]. International Economic Review, 1971, 12: 1-13.

[38] Swamy P. A. V. B. , Arora S. S.. The exact finite sample properties of the estimatiors of coefficients in the error components regression models [J]. Econometrica, 1972, 40: 643-657.

第6章　次级债的市场约束机理与效应

次级债文献普遍研究其市场约束的存在性，而未能揭示其作为一种市场约束激励机制的有效程度或内在机理。本章将基于或有权估值理论，研究次级债对银行风险承担行为的部分市场约束机理。我们的研究发现：①当银行的资产负债水平处于一定的安全边界之内时，随着银行风险承担行为的提高，次级债债权人会在某种程度上补偿高级债债权人。②在银行的负债结构中引入次级债，不一定能起到约束银行风险承担行为的目的，它取决于银行既有的资本充足水平。监管当局在允许或强制商业银行发行次级债时，应考虑到次级债市场约束与银行风险承担行为之间的内在关系。为增强市场对银行风险承担行为的约束作用，监管当局应强制资本相对充足的银行发行一定规模的次级债，但这种强制性要求不应覆盖到资本不足的银行。③对资本不足银行而言，监管当局的法定最低资本要求有可能导致银行有能力支付而未支付次级债债权人的情况发生，从而过度地增加了次级债债权人的风险暴露，增强了次级债债权人对银行风险承担行为的“容忍”与“漠视”，牺牲了次级债的市场约束功能。为增强次级债的市场约束功能，监管当局应“谨慎地”使用对银行业的过度保护政策。

6.1 引言

《商业银行次级债券发行管理办法》规定，次级债是商业银行发行的，本息的清偿顺序列于商业银行其他负债之后，先于商业银行股权资本的债权。为体现其他负债对次级债的优先清偿权利，本章以下统称其他负债为高级债。按照次级债合约之规定，当银行破产时，银行的剩余财产将首先满足高级债债权人的偿付要求，然后再偿付次级债债权人。次级债一般具有面向机构投资者发行，债务期限较长，无担保、抵押，不允许提前赎回，后偿性等特点，所以，出于规避自身所面临的较大银行违约风险或清偿风险的需要，次级债债权人有更迫切的愿望对银行的总体风险水平或风险承担倾向进行适当的评估，以作出是否购买、购买多少、以多少价格购买次级债的决策，从而通过价格约束或数量约束的方式来限制银行更大的风险承担行为。

自2003年以来，我国监管当局先后发布了《关于将次级定期债务计入附属资本的通知》,《商业银行次级债券发行管理办法》等政策文件，开始规范长期次级债务工具的发行、交易、审批、资本处理等。此项新规被认为有助于完善银行的资本补充机制，增强银行资本管理的灵活性；有利于提高银行调整资本结构，降低资本成本的能力；有利于强化私人市场力量（如银行债权人）对银行经营行为的市场约束等（银监会，2004）。但在国内商业银行普遍资本不足和实现上市冲刺的背景下，监管层此举更在于创造一种迅速补充商业银行资本的方式，以达到监管资本要求的最低标准和顺利上市的目的，相反，其通过引入次级债以增强市场约束的动机却遭到了普遍的怀疑(张玉梅、赵勇,2005;于东智、蒲夫生,2005 等)。这种怀疑的逻辑基础是:在银行的负债结构中引入次级债,确能增强市场约束。但遗憾的是,人们对次级债市场约束的作用机理了解无多,研究寥寥。

国外关于次级债市场约束的文献,主要研究了次级债市场约束的存在性,即次级债价差是否反映了银行的违约风险(Flannery & Sorescu,1996;Evanoff & Wall,2002;Sironi,2003 等),以及次级债市场信号的内容及其应用方式等(Hancock & Kwast,2001;DeYoung et al.,2001)。国内也有少数文献对次级债的发行方式、意义、银行间相互持有次级债可能引发的道德风险和系统风险进行了分析(张玉梅、赵勇,2005;于东智、蒲夫生,2005;邓学衷,2007 等)。既有文献还缺乏对次级债市场约束作用机理的系统理论研究,本章则对此进行了有益的尝试和补充。我们基于或有权估值理论,给出了银行利益相关者(银行股东、高级债债权人、次级债债权人)价值的定价公式,研究了次级债发挥市场约束作用的部分机理,如次级债债权人与银行股东风险承担倾向之间的关系;次级债债权人是如何补偿高级债债权人的;次级债发挥市场约束作用的内在条件与边界;法定最低资本要求对次级债市场约束功能的影响等。我们的研究发现:①在银行的负债结构中引入次级债,并不影响银行股东的价值和风险承担激励。②当银行的资产负债水平处于一定的安全边界之内时,随着银行风险承担行为的提高,次级债债权人会在某种程度上补偿高级债债权人。③在银行的负债结构中引入次级债,不一定能起到约束银行风险承担行为的作用,它取决于银行既有的资本充足水平。④对资本不足的银行而言,监管当局的法定最低资本要求有可能导致银行有能力支付而未支付次级债债权人的情况发生，从而过度地增加了次级债债权人的风险暴露，增强了次级债债权人对银行风险承担行为的“容忍”与“漠视”，牺牲了次级债的市场约束功能。为增强次级债的市场约束功能，监管当局应“谨慎地”使用对银行业的过度保护政策。

以下的行文结构安排如下：第二部分是相关文献回顾。第三部分是模型结构和主要命题，首先给出了银行利益相关者的现金流结构与价值的定价公式；接下来考察了银行风险承担行为对高级债债权价值和次级债债权价值的影响，并分别给出了相应的数值算例；最后研究了监管当局对银行的法定最低资本要求，以及次级债计入附属资本的比例对次级债市场约束功能的影响。最后是结论与政策启示。

6.2　文献回顾

监管当局可以通过风险为基础的资本要求、存款保险定价、监督检查等手段来提高银行的风险承担成本，以此来约束银行更大的风险承担行为。但如果监管当局完全排他性地依靠自身来实施对银行业的审慎监管，将面临众多实质性的挑战与困难，如：①随着银行业务的日趋精细化、复杂化和国际化等，实时监测和评估银行风险是件相当复杂和困难的事情。②单纯依靠政府监管难以实时“微调”银行的风险承担成本。监管当局通常倾向于根据银行违反某一目标规则或标准，而非基于对银行风险的主观评估的增加采取响应行动(Lang & Robertson，2002)。倘若风险是复杂的，监管当局对银行风险轮廓的边际变化难以及时地制定目标规则或标准，而风险为基础的资本要求和存款保险定价也只能对宽范围内的风险分类进行调整。③如果监管当局感觉“延迟”承认银行失败会带来政治或社会上的某种好处，就可能导致监管当局的监管宽容，从而降低法定监管的效率。

有签于此，监管当局越来越意识到，排他性地依靠政府监管是件不经济的困难任务。如2004年的新巴塞尔协议就把以风险为基础的资本要求、监督检查和市场约束视为对银行业监管的三大支柱，鼓励更多的私人市场力量来监测和约束银行的风险承担行为（BCBS，2004）。在一系列增强市场约束的途径中，增强信息披露和强制性次级债要求是两种最主要的手段。传统观点认为，银行披露关于其风险轮廓的信息越多，通常伴随着更大的市场约束（Nier & Baumann，2006）。但信息披露最终能否发挥对银行风险承担行为的约束作用，还取决于以下两个关键机制的作用：第一，银行债权人对政府隐性保险的预期不强，对银行风险信息保持了较高的敏感性评价，从而有激励采取市场约束行动；第二，银行必须对来自市场的约束行动有成本启示和行为反应，从而激励其采取措施改进管理，降低风险。

相比之下，在银行的负债结构中引入次级债，提供了一种简单、有效地利用市场约束的方式，它能以较低的成本达到增强资本监管效果的目的（Benink & Wihlborg，2002；Herring，2004）。由于次级债的引入创造了一组财务复杂的债权人（financially sophisticated creditors），它们易于遭到银行清偿不足的损失，且不太可能受到政府隐性保险的保护，所以次级债债权人有激励要求银行进行更有效的信息披露，也有能力去监测、评估和定价银行风险（Lang & Robertson，2004；Nivorozhkin，2005），从而形成了一类具备主动参与公司治理动机的银行利益相关者，并成为公司治理的潜在有效工具（于东智、蒲夫生，2005）。

次级债对银行风险承担行为的约束方式主要有两种:一是直接市场约束。次级债债权人可根据银行的总体风险水平或风险承担倾向,决定是否购买、购买多少、以多大价格购买次级债的决策。当银行的风险水平较高或风险承担倾向提高时,次级债债权人可以不购买、少购买或以较低的价格购买次级债,从而通过价格约束或数量约束的方式来提高银行的风险承担成本,达到限制银行风险承担行为的目的(Park & Peristiani,1998)。二是间接市场约束。它的作用途径一般有两种:第一,次级债市场信号可能增加了银行其他负债的成本。当长期次级债的成本增加时,银行可能会经历短期资金成本的增加或更难获得其他的资金来源。第二,次级债市场收益和波动是私人市场对银行风险进行实时评价的清楚信号,这些信号提供了关于银行状况和风险承担行为的及时、准确的额外证据,它为监管当局的迅速"校正"行动提供了必要的正当理由。这些额外证据有助于监管当局"微调"施加在银行身上的风险承担成本,从而能降低监管宽容,提高监管效率(Cooper & Fraser,1988;Evanoff,1993)。

就次级债能否发挥对银行风险承担行为的市场约束作用,已有不少文献进行了丰富的实证研究,并呈现出如下规律:第一,对次级债市场约束存在性的实证研究大多集中于市场经济发达的美国和欧洲。第二,绝大多数文献都找到了次级债市场存在市场约束的证据(Hassan,1993;Hassan et al.,1993;Flannery & Sorescu,1996;Jagtiani et al.,1999;Covitz et al.,2000;DeYoung et al.,2001;Evanoff & Wall,2001;Hancock & Kwast,2001;Evanoff & Wall,2002;Gropp & Vesala,2002;Krainer & Lopez,2003;Sironi,2003;Goyal,2005)。第三,Avery et al.(1988)和Flannery & Sorescu(1996)的研究发现：在 1983～1984 年间，银行层面的风险测度不能解释次级债的风险溢价；但当将样本期扩展到 1989 年以后，银行风险测度与次级债价差之间却存在显著的正相关关系。他们认为产生这种现象的原因有二：一是政府此间承诺要结束其“大而不倒”的隐性保险政策；二是《联邦存款保险改进法》于 1991 年实施，这两项政策的改变增强了次级债债权人对银行风险的敏感性，从而出现了市场约束①。第四，既有文献基本都在实证考察次级债市场约束的存在性，而没有揭示其作为一种市场约束激励机制的有效程度或内在机理，如次级债发挥市场约束作用的内在条件与边界等。有鉴于此，本章在 Black & Scholes(1973)；Merton(1974)和 Black & Cox(1976)或有权估值理论的基础上，给出了银行利益相关者价值的定价公式，并研究了次级债发挥市场约束作用的有效程度或内在机理，从而为监管当局是否要引入次级债，如何引入次级债提供了一定的理论依据②。

6.3 理论模型

假定银行资产价值 V_t 服从如下的几何布朗运动：

---

① 靳瑾、褚保金(2007)也研究了我国商业银行次级债的市场约束存在性。他们借鉴 Imai(2006)模型，运用我国商业银行 2003～2007 年间的数据，实证研究了次级债价差与银行风险之间的关系。他们的研究表明：次级债的发行价格对银行的不良贷款率、资本充足率等风险变量并不敏感，政府对国有商业银行的隐性担保在次级债券发行市场是存在的，次级债券对我国商业银行的市场约束作用非常微弱。

② 米黎钟等(2007)给出了次级债债权人分别具有绝对优先清偿权(即在高级债债权人得到完全偿付之前，次级债债权人无权获得任何清偿)与相对优先清偿权(在高级债债权人获得一定比例的偿付后，高级债债权人和次级债债权人均能获得银行剩余财产的清偿)条件下的次级债定价方法。鉴于我国商业银行一般只发行具有绝对优先清偿权的次级债，所以本章没有考虑相对优先清偿权的情况。

$$dV_t=\mu V_t dt+\sigma V_t dW_t \tag{6.1}$$

其中，μ 和 σ 分别为银行资产价值的瞬间飘移率和波动率，W_t 是维纳过程。

引理 6.1　在风险中性 Q 测度下，银行资产价值的动态过程为 $V_t=V_0\exp\left[\left(r-\frac{\sigma^2}{2}\right)t+\sigma\Delta W_t^Q\right]$，且有 $E^Q[V_t|V_t>K]=V_0 e^{rt}N(d_1)$；$E^Q[V_t>K]=N(d_2)$。其中，$d_1=\frac{\ln\frac{V_0}{K}+\left(r+\frac{\sigma^2}{2}\right)t}{\sigma\sqrt{t}}$；$d_2=\frac{\ln\frac{V_0}{K}+\left(r-\frac{\sigma^2}{2}\right)t}{\sigma\sqrt{t}}$（陈松男，2002）。

引理 6.2　在风险中性 Q 测度下，有 $E^Q[V_t|K_1<V_t<K_2]=V_0 e^{rt}[N(d_{11})-N(d_{12})]$；$E^Q[K_1<V_t<K_2]=N(d_{21})-N(d_{22})$，其中，$d_{11}=\frac{\ln\frac{V_0}{K_1}+\left(r+\frac{\sigma^2}{2}\right)t}{\sigma\sqrt{t}}$；$d_{12}=\frac{\ln\frac{V_0}{K_2}+\left(r+\frac{\sigma^2}{2}\right)t}{\sigma\sqrt{t}}$；$d_{21}=\frac{\ln\frac{V_0}{K_1}+\left(r-\frac{\sigma^2}{2}\right)t}{\sigma\sqrt{t}}$；$d_{22}=\frac{\ln\frac{V_0}{K_2}+\left(r-\frac{\sigma^2}{2}\right)t}{\sigma\sqrt{t}}$（陈松男，2002）。

6.3.1　银行利益相关者的现金流结构

1）无次级债条件下的银行利益相关者的现金流结构

根据银行债务的清偿顺序，可将其划分为高级债和次级债。假设银行的到期债务（含本息）总额为 D，股权资本为 C①。首先假设银行的负债结构中没有次级债，即银行高级债额度为 D。在 t

① 本章定义的债券均属于零息债券范畴。

时，如果银行资不抵债，则银行对高级债债权人违约，此时高级债债权人损失 $D-E$。

那么，高级债债权人 t 时的收益支付 S_{0t} 的结构为：

$$S_{0t}=\begin{cases}V_t, V_t\leqslant D\\ D, V_t>D\end{cases} \tag{6.2}$$

股东 t 时的收益支付 E_{0t} 的结构为：

$$\mathrm{E}_{0t}=\begin{cases}0, \quad V_t\leqslant D\\ V_t-D, V_t>D\end{cases} \tag{6.3}$$

则不存在次级债条件下的高级债债权的价值 SV_0 为：

$$SV_0=\mathrm{e}^{-rt}\{\mathrm{E}^Q[V_t|V_t\leqslant D]+\mathrm{E}^Q[D|V_t>D]\} \tag{6.4}$$

由引理 6.1 易证：

$$SV_0=V_0N(-d_1)+D\mathrm{e}^{-rt}N(d_2) \tag{6.5}$$

其中，$d_1=\dfrac{\ln\dfrac{V_0}{D}+\left(r+\dfrac{\sigma^2}{2}\right)t}{\sigma\sqrt{t}}$；$d_2=\dfrac{\ln\dfrac{V_0}{D}+\left(r-\dfrac{\sigma^2}{2}\right)t}{\sigma\sqrt{t}}=d_1-\sigma\sqrt{t}$

同理，不存在次级债条件下的股东价值 EV_0 为：

$$\mathrm{EV}_0=\mathrm{e}^{-rt}\mathrm{E}^Q[V_1-D|V_t>D]=V_0N(d_1)-D\mathrm{e}^{-rt}N(d_2) \tag{6.6}$$

2）存在次级债条件下的银行利益相关者的现金流结构

假设银行债务总额仍为 D，其中，次级债为 J；高级债为 $D-J$。则银行高级债债权人 t 时的收益支付 S_{1t} 的结构为：

$$S_{1t}=\begin{cases}V_t, V_t\leqslant D-J\\ D-J, V_t>D-J\end{cases} \tag{6.7}$$

银行次级债债权人 t 时的收益支付 J_{1t} 的结构为：

$$J_{1t}=\begin{cases}0, & V_t\leqslant D-J\\ V_t-(D-J), & D-J<V_t\leqslant D\\ J, & V_t>D\end{cases} \tag{6.8}$$

股东 t 时的收益支付 E_{1t} 的结构为：

$$E_{1t}=\begin{cases}0, & V_t\leqslant D\\ V_t-D, & V_t>D\end{cases} \tag{6.9}$$

则存在次级债条件下的高级债债权的价值 SV_1 为：

$$SV_1=e^{-rt}\{E^Q[V_t|V_t\leqslant D-J]+E^Q[D-J|V_t>D-J]\} \tag{6.10}$$

由引理 6.1 易证：

$$SV_1=V_0N(-d_1^*)+(D-J)e^{-rt}N(d_2^*) \tag{6.11}$$

其中，$d_1^*=\dfrac{\ln\dfrac{V_0}{D-J}+\left(r+\dfrac{\sigma^2}{2}\right)t}{\sigma\sqrt{t}}$；$d_2^*=\dfrac{\ln\dfrac{V_0}{D-J}+\left(r-\dfrac{\sigma^2}{2}\right)t}{\sigma\sqrt{t}}=d_1^*-\sigma\sqrt{t}$

次级债债权的价值 JV_1 为：

$$JV_1=e^{-rt}\{E^Q[V_t-(D-J)|D-J\leqslant V_t<D]+E^Q[J|V_t>D]\} \tag{6.12}$$

由引理 6.1 和引理 6.2 可知[①]：

$$\begin{aligned}JV_1&=e^{-rt}\{V_0e^{rt}[N(d_1^*)-N(d_1)]-(D-J)[N(d_2^*)-N(d_2)]+JN(d_2)\}\\&=[V_0N(d_1^*)-(D-J)e^{-rt}N(d_2^*)]-[V_0N(d_1)-(D-J)e^{-rt}N(d_2)]+Je^{-rt}N(d_2)\end{aligned} \tag{6.13}$$

① 式(6.13)的次级债定价解析式与刘红(2005)相似。

股东的价值

$$EV_1 = V_0 N(d_1) - De^{-rt} N(d_2) = EN_0 \tag{6.14}$$

命题 6.1 银行股东有更大的风险承担激励，但在银行的负债结构中引入次级债并不影响股东的价值和风险承担行为。

证明：由式(6.14)知，在银行的负债结构中引入次级债后，并未改变银行股东的价值。因为较之高级债，次级债具有绝对的后偿性，次级债在银行资产负债结构中充当了“资本使用”的角色。

$$由\frac{\partial EV_0}{\partial \sigma} = \frac{\partial EV_1}{\partial \sigma} = V_0 n(d_1)\frac{\partial d_1}{\partial \sigma} - De^{-rt} n(d_2)\frac{\partial d_2}{\partial \sigma}$$

$$= V_0 \frac{1}{\sqrt{2\pi}} e^{-\frac{d_1^2}{2}} \frac{\partial d_1}{\partial \sigma} - De^{-rt}\frac{1}{\sqrt{2\pi}} e^{-\frac{d_2^2}{2}} \frac{\partial d_2}{\partial \sigma} \tag{6.15}$$

将 $d_2 = d_1 - \sigma\sqrt{t}$ 带入上式，可得：

$$原式 = n(d_1)\left[V_0 \frac{\partial d_1}{\partial \sigma} - De^{-rt} e^{d_1\sigma\sqrt{t} - \frac{\sigma^2}{2}t} \frac{\partial d_2}{\partial \sigma}\right] \tag{6.16}$$

将 $d_1 = \dfrac{\ln\dfrac{V_0}{D} + \left(r + \dfrac{\sigma^2}{2}\right)t}{\sigma\sqrt{t}}$ 带入上式，可得：

$$原式 = n(d_1)\left[V_0 \frac{\partial d_1}{\partial \sigma} - De^{-rt} e^{\left(\ln\left(\frac{V_0}{D}\right) + \left(r + \frac{\sigma^2}{2}\right)t\right) - \frac{\sigma^2}{2}t} \frac{\partial d_2}{\partial \sigma}\right]$$

$$= n(d_1)V_0\left[\frac{\partial d_1}{\partial \sigma} - \frac{\partial(d_1 - \sigma\sqrt{t})}{\cdot\partial \sigma}\right]$$

$$= V_0\sqrt{t}n(d_1) > 0 \tag{6.17}$$

由此可见，随着银行风险水平的提高，银行股东的价值是递增的。即银行股东有着更大的风险承担倾向，它与是否引入次级债无关。

6.3.2　银行风险承担行为对债权价值的影响

1）银行风险承担行为对高级债债权价值的影响

由命题 6.1 相似的原理可得：$\frac{\partial SV_0}{\partial \sigma}=-n(d_1)V_0\sqrt{t}<0$；$\frac{\partial SV_1}{\partial \sigma}=-n(d_1^*)V_0\sqrt{t}<0$[①]。在两种情况下，随着银行风险承担行为的提高，高级债债权的价值均呈下降趋势。

由于 $d_1^*-d_1=\frac{\ln\left(\frac{D}{D-J}\right)}{\sigma\sqrt{t}}>0$，则当 $d_1=\frac{\ln\frac{V_0}{D}+\left(r+\frac{\sigma^2}{2}\right)t}{\sigma\sqrt{t}}>0$ 时，或当银行期初资产负债率 $\rho=\frac{De^{-rt}}{V_0}$ 满足 $\rho<e^{\frac{\sigma^2}{2}t}$ 时，有 $d_1^*>d_1>0$[②]。

故当 $\rho<e^{\frac{\sigma^2}{2}t}$ 时，有 $\frac{\partial SV_0}{\partial \sigma}<\frac{\partial SV_1}{\partial \sigma}<0$（或 $\left|\frac{\partial SV_0}{\partial \sigma}\right|>\left|\frac{\partial SV_1}{\partial \sigma}\right|$）；而当 $\rho>e^{\frac{\sigma^2}{2}t}$ 时，有 $\frac{\partial SV_0}{\partial \sigma}-\frac{\partial SV_1}{\partial \sigma}=-\frac{1}{\sqrt{2\pi}}V_0\sqrt{t}\left(e^{\frac{d_1^2}{2}}-e^{\frac{d_1^{*2}}{2}}\right)$，即 $\left|\frac{\partial SV_0}{\partial \sigma}\right|$ 和 $\left|\frac{\partial SV_1}{\partial \sigma}\right|$ 的符号关系取决于 $|d_1|$ 和 $|d_1^*|$ 的比较。

即当银行期初资产负债率较低时（或资产负债水平处于一定的安全边界之内时）[③]，随着银行风险承担行为的提高，引入次级债之前的高级债债权价值的下降速度要快于引入次级债之后的高级

---

① 证明见附录 6.3。

② 由 $d_1=\frac{\ln\frac{V_0}{D}+\left(r+\frac{\sigma^2}{2}\right)t}{\sigma\sqrt{t}}>0$ 知 $V_0>De^{-\left(r+\frac{\sigma^2}{2}\right)t}$，将此不等式进行简单变换，即得 $\rho=\frac{De^{-rt}}{V_0}<e^{\frac{\sigma^2}{2}t}$。

③ 即当 $\rho<e^{\frac{\sigma^2}{2}t}$ 时。

债债权价值的下降速度，这表明次级债债权人在某种程度上补偿了高级债债权人，从而提高了高级债债权的“相对价值”。由此，可得命题 6.2：

命题 6.2 当 $\rho < e^{\frac{\sigma^2}{2}t}$ 时，随着银行风险承担行为的提高，次级债债权人在某种程度上补偿了高级债债权人。

2) 银行风险承担行为对次级债债权价值的影响

由命题 6.1 相似的原理，易证 $\frac{\partial[V_0N(d_1^*)-(D-J)e^{-rt}N(d_2^*)]}{\partial\sigma} = V_0\sqrt{t}n(d_1^*)$①。结合命题 6.1，由式(6.13)易推知 $\frac{\partial JV_1}{\partial\sigma} = V_0\sqrt{t}[n(d_1^*)-n(d_1)]$。②

由于当 $\rho < e^{\frac{\sigma^2}{2}t}$ 时，有 $d_1^* > d_1 > 0$ 或 $n(d_1^*) < n(d_1)$，进一步有 $\frac{\partial JV_1}{\partial\sigma} < 0$。故当银行期初资产负债水平处于一定的安全边界之内时，随着银行风险承担行为的提高，次级债债权的价值是降低的。在此状态下，出于降低自身损失风险的需要，次级债债权人有激励去监测、评估和定价银行风险，即次级债能发挥对银行风险承担行为的市场约束作用。

当 $n(d_1^*) > n(d_1)$ 时，有 $\frac{\partial JV_1}{\partial\sigma} > 0$。即随着银行风险承担行为的

---

① 证明见附录 6.4。

② 由式(6.13)知 $\frac{\partial JV_1}{\partial\sigma} = \frac{\partial[V_0N(d_1^*)-(D-J)e^{-rt}N(d_2^*)]-\partial[V_0N(d_1)-De^{-rt}N(d_2)]}{\partial\sigma}$，再由式(6.17)知 $\frac{\partial EV_1}{\partial\sigma} = \frac{\partial[V_0N(d_1)-De^{-rt}N(d_2)]}{\partial\sigma} = V_0\sqrt{t}n(d_1)$，结合 $\frac{\partial[V_0N(d_1^*)-(D-J)e^{-rt}N(d_2^*)]}{\partial\sigma} = V\sqrt{t}n(d_1^*)$，易推证得 $\frac{\partial JV_1}{\partial\sigma} = V_0\sqrt{t}[n(d_1^*)-n(d_1)]$。

提高，次级债债权的价值是增加的。在此状态下，次级债债权人与银行股东的风险偏好基本相同，次级债债权人有激励去"纵容"银行尽可能提高风险水平，从而通过高风险获得可能的高回报来偿付高级债债权人，最终降低其可能的损失额和损失概率。此时，次级债不能发挥对银行风险承担行为的市场约束作用。由此，可得命题 6.3：

命题 6.3　当 $\rho < e^{\frac{\sigma^2}{2}t}$ 时，次级债债权人有激励去约束银行的风险承担行为；而当 $n(d_1^*) > n(d_1)$ 时，次级债不能发挥其市场约束功能。

6.3.3　数值算例

1) 银行风险承担行为对高级债债权价值的影响

假设 1 年后银行的应付债务为 90，其中，高级债为 85，次级债为 5。市场无风险利率为 2.5%。图 6.1 给出了银行期初价值分别为 70，80 和 90，也即期初资产负债率分别为 1.26，1.1 和 0.98 条件下的高级债债权价值随银行风险变动的趋势。

从图 6.1 可以发现：①随着银行风险承担行为的提高，高级债债权的价值呈下降趋势。②在银行的负债结构中引入次级债，会减小高级债债权价值对银行风险承担行为的"反应"，从而弱化了高级债债权人的市场约束激励。③当 $\rho < e^{\frac{\sigma^2}{2}t}$ 时，随着银行风险承担行为的提高，引入次级债之前的高级债债权价值的下降速度要快于引入次级债之后的高级债债权价值的下降速度①。

2) 银行风险承担行为对次级债债权价值的影响

图 6.2 给出了银行期初价值分别为 70，80，90 和 100 时，也即

---

① 且在本算例中，当 $\rho > e^{\frac{\sigma^2}{2}t}$ 时，引入次级债之前的高级债债权价值的下降速度慢于引入次级债之后的高级债债权价值的下降速度。

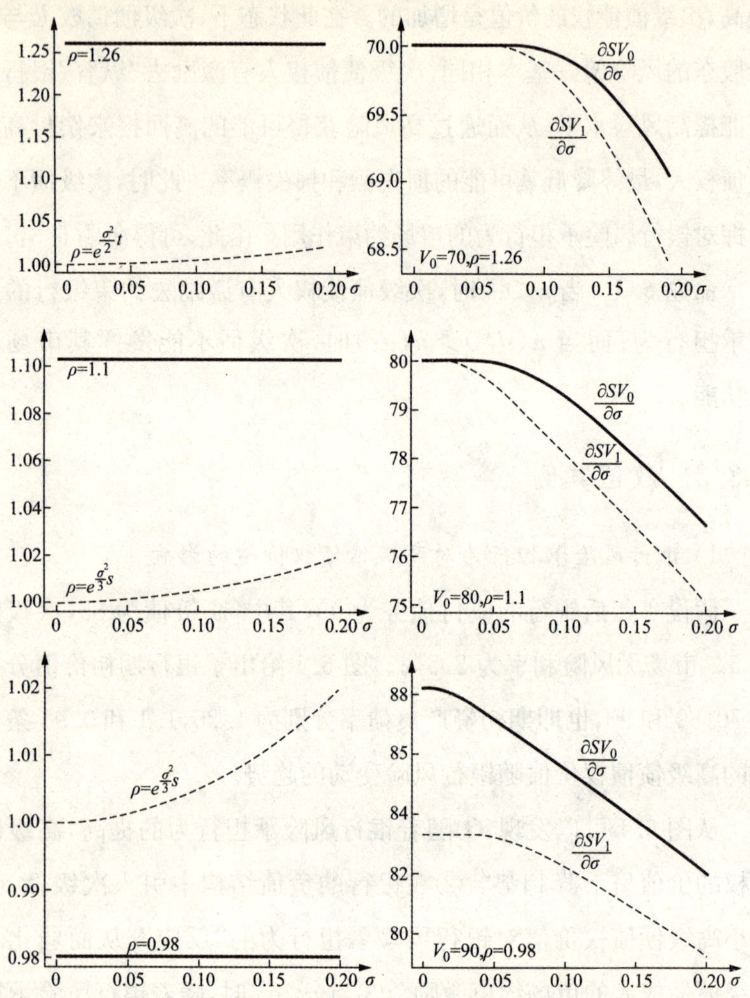

图 6.1　银行风险承担行为对高级债债权价值的影响

期初资产负债率分别为 1.25,1.1,0.98 和 0.88 时的次级债价值与银行风险承担行为之间的关系。从图 6.2 可以发现:①当银行期初资产价值分别为 90 和 100 时(或期初资产负债率分别为 0.98 和

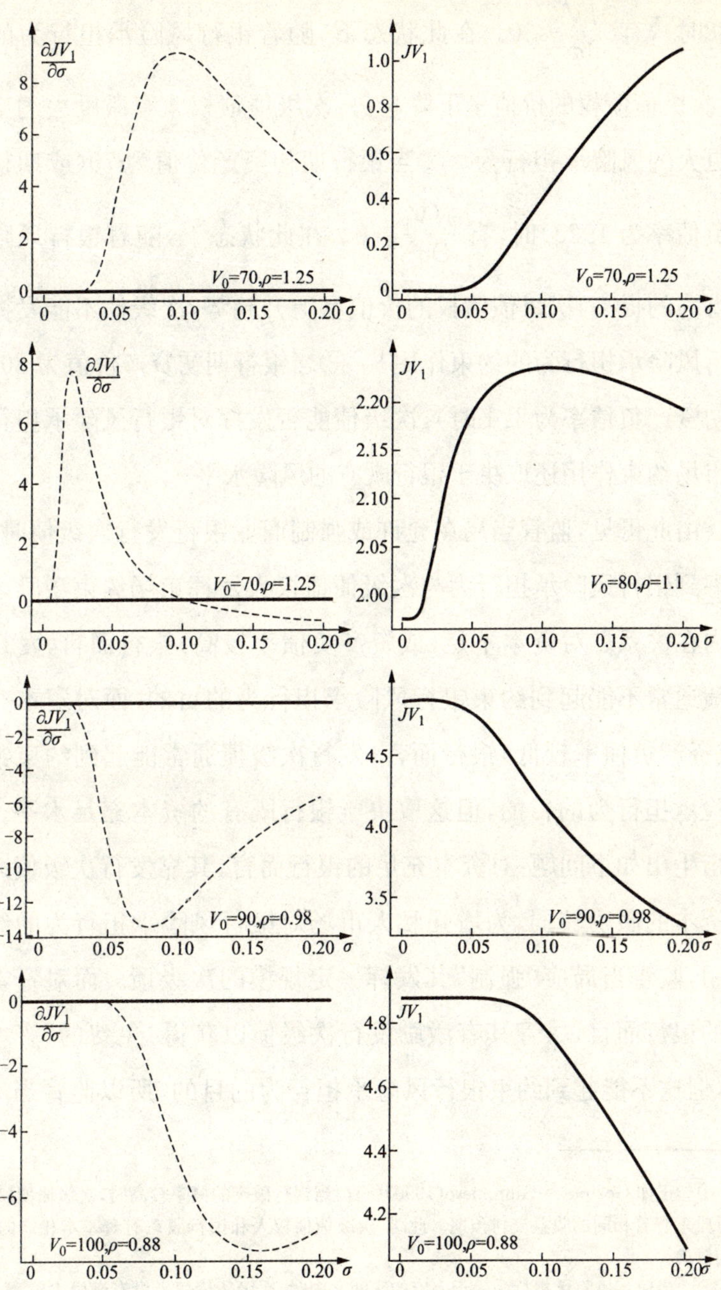

图 6.2　银行风险承担行为对次级债债权价值的影响

0.88时),有$\frac{\partial JV_1}{\partial \sigma}<0$。在此状态下,随着银行风险承担行为的提高,次级债债权的价值呈下降趋势,次级债债权人有激励去约束银行更大的风险承担行为。②当银行期初资产价值为70(或期初资产负债率为1.25)时,有$\frac{\partial JV_1}{\partial \sigma}>0$。在此状态下,随着银行风险承担行为的提高,次级债债权的价值呈上升趋势,次级债不能发挥对银行风险承担行为的约束作用[①]。③当银行期初资产价值为80(或期初资产负债率为1.1时),次级债能否发挥对银行风险承担行为的市场约束作用还取决于银行既有的风险水平[②]。

由此可见,监管当局在允许或强制商业银行发行次级债时,应考虑到银行风险承担行为与次级债债权人发挥市场约束激励之间的内在关系。对资本不足(或资产负债率较高)银行而言,发行次级债通常不能起到约束银行风险承担行为的目的;而对资本充足(或资产负债率较低)银行而言,发行次级债通常能起到约束银行风险承担行为的目的,但这取决于银行既有的资本充足水平。这就衍生出如下问题:对资本充足的银行而言,其靠发行次级债来补充资本的激励较弱,为增强私人市场对银行风险承担行为的约束作用,监管当局应"强制"其发挥一定规模的次级债。而对资本不足的银行而言,尽管其有激励发行次级债以获得"免费的"资本使用,但这不能起到约束银行风险承担行为的目的,所以监管当局应

---

① 正如Gorton & Santomero(1990)所言,当银行破产的概率较高时,次级债债权人和银行股东有着相同的收益支付预期。此时,次级债债权人和银行股东有着基本相同的风险承担倾向。

② 当银行风险承担行为处于一定的区间之内时,次级债债权人没有激励去监测、评估和定价银行风险;但当银行风险承担行为超出该区间时,次级债债权人有激励去监测、评估和定价银行风险。

"禁止"或"严格核准"其发债申请。

6.3.4　法定最低资本要求对次级债市场约束的影响

监管当局允许或鼓励商业银行发行次级债，主要目的有二：一是鼓励更多的私人市场力量来监测、评估和定价银行的风险；二是由于次级债较之其他债务的绝对后偿性，银行能将其当做"资本"来使用。早在 1988 年《巴塞尔资本协议》就规定，符合条件的长期次级债可计入附属资本（或二级资本），但在到期日前的最后 5 年里，计入附属资本的长期次级债每年减少 20%。值得注意的是，1988 年的资本协议只关注了银行的信用风险，而 1996 年的《包括市场风险的资本协议修订稿》将资本要求扩展到市场风险，且增加了短期次级债作为三级资本，以用于吸收市场风险。作为合格的三级资本，短期次级债还需满足以下条件：银行不得提供任何的担保、抵押；初始期限 2 年以上；不得提前赎回；附有"锁定"条款，即如果银行的资本水平低于法定最低资本要求，或短期次级债的本息支付将导致银行资本水平低于法定最低资本要求，即使短期次级债已到期，银行都可不支付本息。

顺应资本监管的国际化，我国银行业的监管实践也在逐步向国际资本监管标准靠拢。如 1996 年中国人民银行发布的《商业银行资本充足率计算方法》就规定，商业银行发行的 5 年以上的长期金融债券可列入附属资本，它与 1988 年资本协议规定的 5 年以上长期次级债方可计入附属资本不完全相符。2003 年银监会制定了《关于将次级定期债务计入附属资本的通知》，决定增补我国商业银行的资本构成，将符合条件的次级定期债务计入银行附属资本。2004 年《商业银行次级债券发行管理办法》对此进行了调整，规定"经银监会批准发行的普通的、无担保的，不以银行资产为抵押或质押的长期次级债务工具可列入附属资本，并确定了在距到期日前的最后5年里，长期次级债计入附属资本按每年累积折扣20%”。

基于既有的政策实践，我们有必要考察监管当局的法定最低资本要求和次级债计入附属资本的比例对次级债市场约束的影响。

1）不考虑次级债资本属性下的次级债债权价值

假设监管当局对银行的法定最低资本要求为β_0，它是监管当局对银行进行法定干预的门限。当银行资本比率β小于β_0时，银行有权暂缓或中止对次级债债权人的本息支付；当银行资本比率β大于β_0时，银行应对次级债债权人进行本息支付，但支付后的资本比率必须满足$\beta \geqslant \beta_0$。也就是说，当银行资本比率$\beta=\dfrac{V_t-D}{V_t}<\beta_0$或$V_t<\dfrac{D}{1-\beta_0}$，银行暂缓或中止对次级债债权人的支付；当$\beta=\dfrac{V_t-D}{V_t}\geqslant\beta_0$或$V_t\geqslant\dfrac{D}{1-\beta_0}$时，银行对次级债债权人的支付额度$X$必须满足：$X\leqslant(1-\beta_0)V_t-(D-J)$，以使得$\beta=\dfrac{V_t-(D-J)-X}{V_t}\geqslant\beta_0$。

即法定最低资本要求下的次级债债权人的现金流J_{2t}的支付结构为：

$$J_{2t}=\begin{cases}0, & V_t<\dfrac{D}{1-\beta_0}\text{ 或 }\beta<\beta_0\\ X, & V_t\geqslant\dfrac{D}{1-\beta_0}\text{ 或 }\beta\geqslant\beta_0\end{cases}\tag{6.18}$$

其中，$X\leqslant(1-\beta_0)V_t-(D-J)$。

则次级债债权的价值

$$JV_2 \leqslant e^{-rt}\left\{E^Q\left[(1-\beta_0)V_t-(D-J)\mid V_t \geqslant \frac{D}{1-\beta_0}\right]\right\},\text{当}\ \beta \geqslant \beta_0 \tag{6.19}$$

则由引理 6.1 可知：

$$JV_2 \leqslant (1-\beta_0)V_0N(d_{31})-(D-J)e^{-rt}N(d_{32}),\text{当}\ \beta \geqslant \beta_0 \tag{6.20}$$

其中，$d_{31}=\dfrac{\ln\dfrac{V_0(1-\beta_0)}{D}+\left(r+\dfrac{\sigma^2}{2}\right)t}{\sigma\sqrt{t}}$；

$$d_{32}=\frac{\ln\dfrac{V_0(1-\beta_0)}{D}+\left(r-\dfrac{\sigma^2}{2}\right)t}{\sigma\sqrt{t}}=d_{31}-\sigma\sqrt{t}\text{。}$$

当 $\beta=\beta_0$ 时，银行能够支付给次级债债权人的最大额度为 $(1-\beta_0)V_t-(D-J)$，且银行不违背监管当局的法定最低资本要求，所以次级债债权人的最终可预期价值为：$JV_2=(1-\beta_0)V_0N(d_{31})-(D-J)e^{-rt}N(d_{32})$。

由

$$\begin{aligned}\frac{\partial JV_2}{\partial\beta_0}&=-V_0N(d_{31})+(1-\beta_0)V_0n(d_{31})\frac{\partial d_{31}}{\partial\beta_0}-\\&\quad(D-J)e^{-rt}n(d_{32})\frac{\partial d_{32}}{\partial\beta_0}\\&=\frac{1}{(1-\beta_0)\sigma\sqrt{t}}\left[(D-J)e^{-rt}n(d_{32})-V_0(1-\beta_0)\sigma\sqrt{t}N(d_{31})-\right.\\&\quad\left.(1-\beta_0)V_0n(d_{31})\right]\end{aligned} \tag{6.21}$$

这里，$\dfrac{\partial d_{31}}{\partial\beta_0}=\dfrac{\partial d_{32}}{\partial\beta_0}=-\dfrac{1}{(1-\beta_0)\sigma\sqrt{t}}$；再由 $N(d_{31})\in[0,1]$ 知：

$$\begin{aligned}&(D-J)e^{-rt}n(d_{32})-V_0(1-\beta_0)\sigma\sqrt{t}N(d_{31})-(1-\beta_0)V_0n(d_{31})\leqslant\\&\qquad(D-J)e^{-rt}n(d_{32})-(1-\beta_0)V_0n(d_{31})\end{aligned}$$

$$=(D-J)e^{-rt}\frac{1}{\sqrt{2\pi}}e^{-\frac{d_{32}^2}{2}}-(1-\beta_0)V_0\frac{1}{\sqrt{2\pi}}e^{-\frac{d_{31}^2}{2}}$$

$$=n(d_{31})\left[(D-J)e^{-rt}e^{d_{31}\sigma\sqrt{t}-\frac{\sigma^2 t}{2}}-(1-\beta_0)V_0\right]$$

$$=n(d_{31})\left[(D-J)\frac{V_0(1-\beta_0)}{D}-(1-\beta_0)V_0\right]$$

$$=-n(d_{31})(1-\beta_0)\frac{V_0 J}{D}<0 \tag{6.22}$$

即当监管当局提高对银行的法定最低资本要求时，次级债债权的价值会降低。这是因为，当银行资本比率低于法定水平（即$\beta<\beta_0$），但资产价值处于$D-J\leqslant V_t<\frac{D}{1-\beta_0}$的范围内时，按照正常的现金流管理原则，银行是有部分或全部支付次级债本息的能力。但在监管当局的法定最低资本要求下，当银行资本比率低于法定最低资本要求时，银行有权暂缓或中止对次级债债权人的支付，此举是为了增大次级债债权的风险暴露，以激发次级债债权人能更积极地监测、评估和定价银行风险，从而发挥次级债债权人对银行风险承担行为的约束作用。但遗憾的是，正是监管当局对银行维持既定最低资本比率的要求，才能导致银行有能力支付而未支付次级债债权人的情况发生，从而过度地增大了次级债债权人的风险暴露，增强了次级债债权人对银行更大风险承担行为的"纵容"与"漠视"，寄希望于银行通过高风险获得可能的高收益，来提高银行对自身的受偿概率和受偿额。

再由$\frac{\partial JV_2}{\partial\sigma}=V_0(1-\beta_0)n(d_{31})\frac{\partial d_{31}}{\partial\sigma}-(D-J)e^{-rt}n(d_{32})\frac{\partial d_{32}}{\partial\sigma}$

$$=V_0(1-\beta_0)\frac{1}{\sqrt{2\pi}}e^{\frac{d_{31}^2}{2}}\frac{\partial d_{31}}{\partial\sigma}-(D-J)e^{-rt}\frac{1}{2\pi}e^{\frac{d_{32}^2}{2}}\frac{\partial d_{32}}{\partial\sigma} \tag{6.23}$$

将 $d_{32}=d_{31}-\sigma\sqrt{t}$ 带入上式，可得：

$$原式 = n(d_{31})\left[V_0(1-\beta_0)\frac{\partial d_{31}}{\partial\sigma}-(D-J)\mathrm{e}^{-rt}\mathrm{e}^{d_{31}\rho\sqrt{t}-\frac{\sigma^2}{2}t}\frac{\partial d_{32}}{\partial\sigma}\right] \tag{6.24}$$

将 $d_{31}=\dfrac{\ln\dfrac{V_0(1-\beta_0)}{D}+\left(r+\dfrac{\sigma^2}{2}\right)t}{\sigma\sqrt{t}}$ 带入上式，可得：

$$\begin{aligned}原式 &= n(d_{31})\Bigg[V_0(1-\beta_0)\frac{\partial d_{31}}{\partial\sigma}- \\ &\quad (D-J)\mathrm{e}^{-rt}\mathrm{e}^{\left(\ln\left(\frac{V_0(1-\beta_0)}{D}\right)+\left(r+\frac{\sigma^2}{2}\right)t\right)-\frac{\sigma^2}{2}t}\frac{\partial d_{32}}{\partial\sigma}\Bigg] \\ &= n(d_{31})V_0(1-\beta_0)\left[\frac{\partial d_{31}}{\partial\sigma}-\frac{D-J}{D}\frac{\partial(d_{31}-\sigma\sqrt{t})}{\partial\sigma}\right]\end{aligned} \tag{6.25}$$

将 $\dfrac{\partial d_{31}}{\partial\sigma}=\dfrac{\ln\dfrac{V_0(1-\beta_0)}{D}+\left(r-\dfrac{\sigma^2}{2}\right)t}{\sigma^2\sqrt{t}}$ 带入上式，则有：

$$原式 = n(d_{31})V_0(1-\beta_0)\left[\frac{D-J}{D}\sqrt{t}-\frac{J}{D}\frac{\ln\dfrac{V_0(1-\beta_0)}{D}+\left(r-\dfrac{\sigma^2}{2}\right)t}{\sigma^2\sqrt{t}}\right] \tag{6.26}$$

由式(6.26)易证：当 $\dfrac{D\mathrm{e}^{-rt}}{V_0}>(1-\beta_0)\mathrm{e}^{\left(\frac{1}{2}-\frac{D}{J}\right)\sigma^2 t}$ 时，有 $\dfrac{\partial JV_{1t}}{\partial\sigma}>0$。即当银行期初的资产负债水平 $\rho=\dfrac{D\mathrm{e}^{-rt}}{V_0}$ 较高（或资本充足水平较低）时，或银行期初资产负债水平超过一定的安全边界时（它取决于监管当局的法定最低资本要求、次级债与高级债的比例、银行风险承担行为的大小等），随着银行风险承担行为的提高，次级债债权的价值也是提高的，次级债债权人没有激励去监测、评估和定价银行风险，即次级债不能发挥对银行风险承担行为的约束作用。在此状态下，银行较高的资产负债水平过度地增大了次级债债权人的风险暴露，使之失去对银行更大风险承担行为的监督激励，增强了次级债债权人对银行风险承担行为的“纵容”与“漠视”。

同理，当$\rho < (1-\beta_0)e^{(\frac{1}{2}-\frac{D}{J})\sigma^2 t}$时，有$\frac{\partial JV_{1t}}{\partial \sigma} < 0$。当银行期初的资产负债水平较低(或资本充足水平较高)时，随着银行风险承担行为的提高，次级债债权的价值是递减的，次级债能发挥对银行风险承担行为的约束作用。当银行期初资产负债水平较低时，尽管次级债债权人的偿付顺序低于其他债权人，次级债债权处于一定的风险状况，但其风险暴露不至于超出次级债债权人的心理边界，此时，次级债债权人有激励去监测、评估和定价银行风险。

由此，可得命题6.4。

命题6.4 当$\rho < (1-\beta_0)e^{(\frac{1}{2}-\frac{D}{J})\sigma^2 t}$时，次级债债权人有激励去约束银行更大的风险承担行为；而当$\rho > (1-\beta_0)e^{(\frac{1}{2}-\frac{D}{J})\sigma^2 t}$时，次级债债权人没有激励去约束银行更大的风险承担行为。

2) 考虑次级债资本属性下的次级债债权价值

假设监管当局允许银行以KJ的次级债计入资本(附属资本或三级资本)，其中，$0 < k < 1$。当银行资本比率$\beta = \frac{V_t - D + kJ}{V_t} < \beta_0$或$V_t < \frac{D-kJ}{1-\beta_0}$，银行暂缓或中止对次级债债权人的支付；当$\beta \geqslant \beta_0$或$V_t \geqslant \frac{D-kJ}{1-\beta_0}$时，银行对次级债债权人的支付额度$X$必满足：$X \leqslant (1-\beta_0)V_t - (D-J) + kJ$。

则最低资本要求下的次级债债权人的现金流 J_{3t} 的支付结构为：

$$J_{3t}=\begin{cases}0, if\ V_t<\dfrac{D-kJ}{1-\beta_0}\text{或}\beta<\beta_0\\ X, if\ V_t\geqslant\dfrac{D-kJ}{1-\beta_0}\text{或}\beta\geqslant\beta_0\end{cases}\tag{6.27}$$

其中，$X\leqslant(1-\beta_0)V_t-(D-J-kJ)$。

则次级债债权的价值 JV_3 为：

$$JV_3\leqslant e^{-rt}\left\{E^Q\left[(1-\beta_0)V_t-(D-J-kJ)\mid V_t\geqslant\frac{D-kJ}{1-\beta_0}\right]\right\},\quad\text{当}\beta\geqslant\beta_0\tag{6.28}$$

同理，由引理 6.1 可知：

$$JV_3\leqslant(1-\beta_0)V_0N(d_{41})-(D-J-kJ)e^{-rt}N(d_{42}),\quad\text{当}\beta\geqslant\beta_0\tag{6.29}$$

其中，$d_{41}=\dfrac{\ln\dfrac{V_0(1-\beta_0)}{D-kJ}+\left(r+\dfrac{\sigma^2}{2}\right)t}{\sigma\sqrt{t}}$；

$$d_{42}=\frac{\ln\dfrac{V_0(1-\beta_0)}{D-kJ}+\left(r-\dfrac{\sigma^2}{2}\right)t}{\sigma\sqrt{t}}=d_{41}-\sigma\sqrt{t}。$$

当法定最低资本要求为 β_0 时，次级债债权的价值为 $JV_3=(1-\beta_0)V_0N(d_{41})-(D-J-kJ)e^{-rt}N(d_{42})$。可证，当 $\rho=\dfrac{De^{-rt}}{V_0}>\dfrac{(1-\beta_0)D}{D-kJ}e^{(\frac{1}{2}+k-\frac{D}{J})\sigma^2t}$ 时，有 $\dfrac{\partial JV_3}{\partial\sigma}>0$；当 $\rho<\dfrac{(1-\beta_0)D}{D-kJ}e^{(\frac{1}{2}+k-\frac{D}{J})\sigma^2t}$ 时，有 $\dfrac{\partial JV_3}{\partial\sigma}<0$。[①]

① 详细证明见附录 6.5。

由此，可得命题 6.5：

命题 6.5 当 $\rho < \frac{(1-\beta_0)D}{D-kJ}e^{(\frac{1}{2}+k-\frac{D}{J})\sigma^2 t}$ 时，次级债能发挥其市场约束功能；而当 $\rho > \frac{(1-\beta_0)D}{D-kJ}e^{(\frac{1}{2}+k-\frac{D}{J})\sigma^2 t}$ 时，次级债不能发挥其市场约束功能[①]。

可见，当次级债计入附属资本的比例 k 为零时，命题 6.5 等价于命题 6.4。同理，还可证得 $\frac{\partial JV_3}{\partial \beta_0} < 0$ 和 $\frac{\partial JV_3}{\partial k} > 0$[②]，则有性质6.5.1：

性质 6.5.1 当监管当局对银行有法定最低资本要求时，随着次级债计入银行资本比例的提高，次级债债权的价值是增加的。

当次级债计入资本的比例提高时，银行的资本水平提高了，这就相当于监管当局对银行的法定最低资本要求相对"降低"了，结合 $\frac{\partial JV_3}{\partial \beta_0} < 0$ 不难推知，次级债债权的价值确会提高。

6.4 本章小结

本章基于或有权估值理论，研究了次级债的部分市场约束机理，我们的研究发现：①次级债在银行负债结构中充当了"资本使用"的角色，在银行的负债结构中引入次级债，并不影响银行股东的价值和风险承担激励。②当银行的资产负债水平处于一定的安全边界之内时，随着银行风险承担行为的提高，次级债债权人会在

---

① 鉴于命题 6.4、命题 6.5 的结论很直观，所以本章就没有给出其相应的数值算例。

② 关于 $\frac{\partial JV_3}{\partial \beta_0} < 0$ 的推证见附录 6.6；关于 $\frac{\partial JV_3}{\partial \beta_0} > 0$ 的推证见附录 6.7。

某种程度上补偿高级债债权人。③在银行的负债结构中引入次级债,不一定能起到约束银行风险承担行为的目的,它取决于银行既有的资本充足水平。监管当局在允许或强制商业银行发行次级债时,应考虑到银行风险承担行为与次级债市场约束机理之间的内在关系。对资本不足的银行而言,鼓励或强制其发行次级债通常不能起到约束银行风险承担行为的目的,因为此状态下的次级债债权人和银行股东有着相同的风险偏好;对资本充足的银行而言,发行次级债通常能起到约束银行风险承担行为的目的。④传统观点认为:对银行有法定最低资本要求,一方面保护了银行资本补充机制的稳定性;另一方面,增大了次级债债权人的风险暴露程度,从而激励次级债债权人更积极地监测、评估和定价银行风险,发挥次级债债权人对银行风险承担行为的约束作用。但我们的研究发现,对资本不足银行而言,监管当局的法定最低资本要求有可能导致银行有能力支付而未支付次级债债权人的情况发生,从而过度地增加了次级债债权人的风险暴露,增强了次级债债权人对银行风险承担行为的"容忍"与"漠视",牺牲了次级债的市场约束功能。

其政策含义有:①为增强市场约束作用,监管当局应"强制"资本相对充足的银行发行一定规模的次级债;而对资本不足银行而言,不应"鼓励"或"强制"其发行次级债。也就是说,监管当局的强制性次级债要求不应覆盖到资本不足银行。若非如此,不但不能起到约束银行风险承担行为的目的,反而还给资本不足银行提供了一种使用"免费资本"的机会,从而助长了资本不足银行的发债动机。这说明既往的从次级债的执行成本、银行规模等视角,来主张在多大程度上引入次级债(即次级债发行规模)的做法是值得商榷的,它忽视了次级债发挥市场约束作用的内在机理(*Federal Re-*

serve Board，1999；*Benink* & *Wihlborg*，2002）。① ②为增强次级债的市场约束作用，让次级债债权人处于一定的风险状态是必要的（如较之其他负债的后偿性），但不能过度地增加了次级债债权人的风险暴露。当银行的资本充足水平较低时，监管当局的法定最低资本要求不但破坏了次级债的市场约束功能，反而还可能过度地“保护”与“纵容”了银行的风险承担行为。为增强次级债的市场约束功能，监管当局应“谨慎地”使用对银行业的过度保护政策。

本章参考文献

[1] 银监会《商业银行资本充足率管理办法》起草小组（简称银监会）. 积极利用附属资本工具提高商业银行资本充足率[J]. 中国金融，2004，18：42-44.

[2] 张玉梅，赵勇. 隐性存款保险向显性存款保险转变对银行道德风险的影响[J]. 南方经济，2006，5：104-111.

[3] 于东智，蒲夫生. 制性次级债与商业银行的公司治理[J]. 金融论坛，2005，10：3-9.

[4] 邓学衷. 商业银行次级债结构设计的国际比较[J]. 当代经济管理，2007，29(3)：120-122.

[5] Lang W. W.，Robertson D.. Analysis of proposals for a minimum subordinated debt requirement [J]. Journal of Economics and Business，2002，54：115-136.

[6] Basel Committee on Banking Supervision (BCBS). International convergence of capital measurement and capital standards：a revised framework [S].

① Federal of Governor(1999)和 Benink & Wihlborg(2002)等主张，强制性次级债要求应作为监管资本要求的组成部分，发行次级债的最低比例可参照当前次级债的水平来设定，且强制性次级债要求仅限于大银行。因为许多大型的欧美银行已经发行了次级债，强制要求其发行次级债的执行成本较低。对小银行而言，由于其业务复杂度较低，执行成本较高等，强制要求其发行一定规模的次级债会面临一些切实的困难。

BCBS,2004.

[7] Nier E. ,Baumann U.. Market discipline, disclosure and moral hazard in Banking [J]. Journal of Financial Intermediation,2006,15:332-361.

[8] Benink H. ,Wihlborg C.. The new Basel capital accord: making it effective with stronger market discipline [J]. European Financial Management,2002,8(1):103-115.

[9] Herring R. J.. The subordinated debt alternative to Basel II [J]. Journal of Financial Stability,2004,1:137-155.

[10] Nivorozhkin E.. Market discipline of subordinated debt in banking: the case of costly bankruptcy [J]. European Journal of Operational Research,2005,161:364-376.

[11] Park S. ,Peristiani S.. Market discipline by thrift depositors [J]. Journal of Money, Credit, and Banking,1998,30(3):347-364.

[12] Cooper K. ,Fraser D.. The rising cost of bank failures: a proposed solution [J]. Journal of Retail Banking, 1988, 10: 5-12.

[13] Evanoff D.. Preferred sources of market discipline [J]. Yale Journal of Regulation, 1993, 10: 347-367.

[14] Hassan M. K.. Capital market tests of risk exposure of loan sales activities of large US commercial banks [J]. Quarterly Journal of Business and Economics,1993,4:27-49.

[15] Hassan M. K. ,Karels G. V. ,Peterson M. O.. Off-Balance sheet activities and bank default-risk premia: a comparison of risk measures [J]. Journal of Economics and Finance,1993,3:69-83.

[16] Flannery M. J. ,Sorescu S. M.. Evidence of bank market discipline in subordinated debenture yields: 1983-1991 [J]. Journal of Finance, 1996, 51: 1 347-1 377.

[17] Jagtiani J. ,Kaufman G. ,Lemieux C.. Is the safety net extended to bank and

bank holding company debt: evidence from debt pricing [Z]. Working Paper, Federal Reserve Bank of Chicago, 1999,12.

[18] Covitz D. M., Hancock D., Kwast M. L.. Mandatory subordinated debt: would banks face more market discipline? [Z]. Working Paper, Board of Governors of the Federal Reserve System, 2000, 6.

[19] DeYoung R., Flannery M. J., Lang W. W., Sorescu S. M.. The information content of bank exam ratings and subordinated debt prices [J]. Journal of Money, Credit, and Banking, 2001, 33: 900-925.

[20] Evanoff D. D., Wall L. D.. Sub-debt yield spreads as bank risk measures [J]. Journal of Financial Services Research, 2001, 20: 121-146.

[21] Hancock D., Kwast M. L.. Using subordinated debt to monitor bank holding companies: is it feasible? [J]. Journal of Financial Services Research, 2001, 20: 147-187.

[22] Evanoff D. D., Wall L. D.. Measures of the riskiness of banking organizations: subordinated debt yields, risk-based capital, and examination ratings [J]. Journal of Banking & Finance, 2002, 5: 989-1 009.

[23] Gropp R., Vesala J.. Deposit insurance, moral hazard and market monitoring [Z]. Federal Reserve Bank of Chicago Bank Structure Conference Proceedings, 2002, 5.

[24] Krainer J., Lopez J.. Forecasting bank supervisory ratings using securities market information [Z]. Working Paper, Federal Reserve Bank of San Francisco, 2003.

[25] Sironi A.. Testing for market discipline in the European banking industry: evidence from subordinated debt issues [J]. Journal of Money, Credit and Banking, 2003, 35: 443-472.

[26] Goyal V. K.. Market discipline of bank risk: evidence from subordinated debt contracts[J]. Journal of Financial Intermediation, 2005, 14: 318-350.

[27] Avery R. B., Belton T. M., Goldberg M. A.. Market discipline in regulating bank risk: new evidence from the capital markets [J]. Journal of Money, Credit and Banking, 1988, 11: 547-610.

[28] 靳瑾,褚保金. 我国银行业次级债市场约束效应研究[J]. 现代金融，2007，6：3-5.

[29] Imai M.. Market discipline and deposit insurance reform in Japan[J]. Journal of Banking & Finance, 2006, 30: 3 433-3 452.

[30] Black F., Scholes M.. The pricing of options and corporate liabilities[J]. Journal of Political Economy, 1973, 81(3): 637-654.

[31] Merton R. C.. An analytic derivation of the cost of deposit insurance loan guarantees [J]. Journal of Banking & Finance, 1977, 1: 3-11.

[32] Black F., Cox J. C.. Valuing corporate securities: some effects of bond indenture provisions [J]. Journal of Finance, 1976, 31(2): 351-367.

[33] 米黎钟,毕玉升,王效俐. 商业银行次级债定价研究[J]. 管理科学,2007,20(2):61-66.

[34] 陈松男. 金融工程学[M]. 上海:复旦大学出版社,2002.

[35] 刘红. 用实物期权模型对商业银行次级债定价[J]. 南方金融,2005,5:21-24.

[36] Gorton G., Santomero A. M.. Market discipline and bank subordinated debt [J]. Journal of Money, Credit, and Banking, 1990, 22: 119-128.

[37] Federal Reserve Board. Using subordinated debt as an instrument of market discipline [Z]. Staff Study(No. 172), Washington DC, 1999.

本章附录

附录 6.1

对银行资产价值过程 $dV_t-\mu V_t dt+\sigma V_t dW_t$ 进行 $It\hat{o}$ 展开可得 $d\ln V_t=\left(u-\frac{\sigma^2}{2}\right)dt+\sigma dW_t$，也即 $\ln V_t-\ln V_0=\int_0^t\left(u-\frac{\sigma^2}{2}\right)ds+\int_0^t\sigma dW_s$，则银行资产价值的动态过程 V_t 为：$V_t=V_0\exp\left[(\mu-\frac{\sigma^2}{2})t+\sigma\Delta W_t\right]$。

进行如下的测度变换 $dW_t=dW^Q-\left(\frac{u-r}{\sigma}\right)dt$ 后，可得风险中性 Q 测度下的银行资产价值的运动过程为 $dV_t=rV_t dt+\sigma V_t dW_t^Q$，且银行资产价值的动态过程为 $V_t=V_0\exp\left[\left(r-\frac{\sigma^2}{2}\right)t+\sigma\Delta W_t^Q\right]$。这里，$r$ 为无风险利率。

再对风险中性 Q 测度进行如下的等价鞅测度变换 $dW_t^Q=dW_t^R+\sigma dt$，则在新的 R 测度上，银行资产价值的动态过程为 $V_t=V_0\exp\left[\left(r+\frac{\sigma^2}{2}\right)r+\sigma\Delta W_t^R\right]$。

由 $V_t=V_0\exp\left[\left(r-\frac{\sigma^2}{2}\right)r+\sigma\Delta W_t^Q\right]$ 可知：

$$E^Q[V_t|V_t>K]=E^Q\left[V_0e^{rt}\exp\left(-\frac{\sigma^2}{2}t+\sigma\Delta W_t^Q\right)|V_t>K\right]=V_0e^{rt}E^Q[\zeta_{1t}I_A]$$

这里，$\zeta_{1t}=\exp\left(-\frac{\sigma^2}{2}t+\sigma\Delta W_t^Q\right)$；$A=\{V_t|V_t\geqslant K\}$。$I_A$ 为示性函数，当事件 A 发生时，取值 1；当事件 A 不发生时，取值 0。

由 Girsanov 定理知 ξ_t 是鞅，且有：

原式 $=V_0e^{rt}E^R[I_A]$

由于在 R 测度下，银行资产价值的动态过程为 $V_t = V_0 \exp\left[\left(r+\frac{\sigma^2}{2}\right)t+\sigma\Delta W_t^R\right]$，将其带入上式得：

$$原式 = V_0 e^{rt} P_r^R\left[V_0 \exp\left[\left(r+\frac{\sigma^2}{2}\right)t+\sigma\Delta W_t^R\right] \geqslant K\right]。$$

这里，$P_r^R(.)$表示在 R 测度下对事件求概率。对该式进行简单变换，即得：

$$原式 = V_0 e^{rt} P_r^R\left[-\frac{\Delta W_t^R}{\sqrt{t}} \leqslant \frac{\ln\frac{V_0}{K}+\left(r+\frac{\sigma^2}{2}\right)t}{\sigma\sqrt{t}}\right] = V_0 e^{rt} N(d_1)$$

因为$-\frac{\Delta W_t^R}{\sqrt{t}} \sim N(0,1)$，且令 $d_1 = \frac{\ln\frac{V_0}{K}+\left(r+\frac{\sigma^2}{2}\right)t}{\sigma\sqrt{t}}$。

即证得：$E^Q[V_t | V_t > K] = V_0 e^{rt} N(d_1)$。

同理可证：$E^Q[V_t | V_t \leqslant K] = V_0 e^{rt} N(-d_1)$。

$$又\ E^Q[V_t > K] = P_r^Q\left[V_0 \exp\left(\left(r-\frac{\sigma^2}{2}\right)r+\sigma\Delta W_t^Q\right) > K\right]$$

$$= P_r^Q\left[-\frac{\sigma\Delta W_t^Q}{\sqrt{t}} \leqslant \frac{\ln\frac{V_0}{K}+\left(r-\frac{\sigma^2}{2}\right)t}{\sigma\sqrt{t}}\right] = N(d_2)$$

这里令：$d_2 = \frac{\ln\frac{V_0}{K}+\left(r-\frac{\sigma^2}{2}\right)t}{\sigma\sqrt{t}}$

同理可得：$E^Q[V_t \leqslant K] = N(-d_2)$。

附录 6.2

$$E^Q[K_1 < V_t < K_2] = P_r^Q\left[K_1 < V_0 \exp\left[\left(r-\frac{\sigma^2}{2}\right)t+\sigma\Delta W_t^Q\right] < K_2\right]$$

$$= \mathrm{P}_r^Q\left[\frac{\ln\frac{V_0}{K_1}+\left(r-\frac{\sigma^2}{2}\right)t}{\sigma\sqrt{t}} > -\frac{\sigma\Delta W_t^Q}{\sqrt{t}} > \frac{\ln\frac{V_0}{K_2}+\left(r-\frac{\sigma^2}{2}\right)t}{\sigma\sqrt{t}}\right]$$

$$= N(d_{21}) - N(d_{22})$$

这里令：$d_{21}=\dfrac{\ln\frac{V_0}{K_1}+\left(r-\frac{\sigma^2}{2}\right)t}{\sigma\sqrt{t}}$；$d_{22}=\dfrac{\ln\frac{V_0}{K_2}+\left(r-\frac{\sigma^2}{2}\right)t}{\sigma\sqrt{t}}$。

又 $\mathrm{E}^Q[V_t|K_1<V_t<K_2]=V_0\mathrm{e}^{rt}\mathrm{E}^Q[\zeta_{1t}I_B]=V_0\mathrm{e}^{rt}\mathrm{E}^R[I_B]$

这里：$I_B=\{V_t|K_1<V_t<K_2\}$。

原式$=V_0\mathrm{e}^{rt}\mathrm{P}_r^R[K_1<V_t<K_2]$

$$=V_0\mathrm{e}^{rt}\mathrm{P}_r^R\left[K_1<V_0\exp\left[\left(r+\frac{\sigma^2}{2}\right)t+\sigma\Delta W_t^Q\right]<K_2\right]$$

$$=V_0\mathrm{e}^{rt}\mathrm{P}_r^R\left[\frac{\ln\frac{V_0}{K_1}+\left(r+\frac{\sigma^2}{2}\right)t}{\sigma\sqrt{t}} > -\frac{\Delta W_t^R}{\sqrt{t}} > \frac{\ln\frac{V_0}{K_2}+\left(r+\frac{\sigma^2}{2}\right)t}{\sigma\sqrt{t}}\right]$$

$$=V_0\mathrm{e}^{rt}[N(d_{11})-N(d_{12})]$$

这里令：$d_{11}=\dfrac{\ln\frac{V_0}{K_1}+\left(r+\frac{\sigma^2}{2}\right)t}{\sigma\sqrt{t}}$；$d_{12}=\dfrac{\ln\frac{V_0}{K_2}+\left(r+\frac{\sigma^2}{2}\right)t}{\sigma\sqrt{t}}$。

即证得：$\mathrm{E}^Q[K_1<V_t<K_2]=N(d_{21})-N(d_{22})$；

$\mathrm{E}^Q[V_t|K_1<V_t<K_2]=V_0\mathrm{e}^{rt}[N(d_{11})-N(d_{21}]$ 。

附录 6.3

$$\frac{\partial SV_0}{\partial\sigma}=-V_0n(-d_1)\frac{\partial d_1}{\partial\sigma}+D\mathrm{e}^{-rt}n(d_2)\frac{\partial d_2}{\partial\sigma}$$

$$=-V_0\frac{1}{\sqrt{2\pi}}\mathrm{e}^{-\frac{d_1^2}{2}}\frac{\partial d_1}{\partial\sigma}+D\mathrm{e}^{-rt}\frac{1}{\sqrt{2\pi}}\mathrm{e}^{-\frac{d_2}{2}}\frac{\partial d_2}{\partial\sigma}$$

将 $d_2=d_1-\sigma\sqrt{t}$带入上式，可得：

$$原式=\frac{1}{\sqrt{2\pi}}e^{-\frac{d_1^2}{2}}\left[-V_0\frac{\partial d_1}{\partial\sigma}+De^{-rt}e^{d_1\sigma\sqrt{t}-\frac{\sigma^2}{2}t}\frac{\partial d_2}{\partial\sigma}\right]$$

将 $d_1=\dfrac{\ln\dfrac{V_0}{D}+\left(r+\dfrac{\sigma^2}{2}\right)t}{\sigma\sqrt{t}}$ 带入上式，可得：

$$原式=\frac{1}{\sqrt{2\pi}}e^{-\frac{d_1^2}{2}}\left[-V_0\frac{\partial d_1}{\partial\sigma}+De^{rt}e^{\left(\ln\left(\frac{V_0}{D}\right)+\left(r+\frac{\sigma^2}{2}\right)t\right)-\frac{\sigma^2}{2}t}\frac{\partial d_2}{\partial\sigma}\right]$$

$$=\frac{1}{\sqrt{2\pi}}e^{-\frac{d_1^2}{2}}V_0\left[-\frac{\partial d_1}{\partial\sigma}+\frac{\partial(d_1-\sigma\sqrt{t})}{\partial\sigma}\right]$$

$$=-\frac{1}{\sqrt{2\pi}}e^{-\frac{d_1^2}{2}}V_0\sqrt{t}<0$$

故 $\dfrac{\partial SV_0}{\partial\sigma}=-n(d_1)V_0\sqrt{t}<0$。

同理可得：$\dfrac{\partial SV_1}{\partial\sigma}=-n(d_1^*)V_0\sqrt{t}<0$。

附录 6.4

$$\frac{\partial[V_0N(d_1^*)-(D-J)e^{-rt}N(d_2^*)]}{\partial\sigma}$$

$$=V_0n(d_1^*)\frac{\partial d_1^*}{\partial\sigma}-(D-J)e^{-rt}n(d_2^*)\frac{\partial d_2^*}{\partial\sigma}$$

$$=V_0\frac{1}{\sqrt{2\pi}}e^{-\frac{d_1^{*2}}{2}}\frac{\partial d_1^*}{\partial\sigma}-(D-J)e^{-rt}\frac{1}{\sqrt{2\pi}}e^{-\frac{d_2^{*2}}{2}}\frac{\partial d_2^*}{\partial\sigma}$$

$$=\frac{1}{\sqrt{2\pi}}e^{-\frac{d_1^{*2}}{2}}\left[V_0\frac{\partial d_1^*}{\partial\sigma}-(D-J)e^{-rt}e^{d_1^*\sigma\sqrt{t}-\frac{\sigma^2}{2}t}\frac{\partial d_2^*}{\partial\sigma}\right]$$

$$=\frac{1}{\sqrt{2\pi}}e^{-\frac{d_1^{*2}}{2}}\left[V_0\frac{\partial d_1^*}{\partial\sigma}-(D-J)e^{-rt}e^{\ln\frac{V_0}{D-J}+\left(r+\frac{\sigma^2}{2}\right)t-\frac{\sigma^2}{2}t}\frac{\partial d_2^*}{\partial\sigma}\right]$$

$$=\frac{1}{\sqrt{2\pi}}e^{-\frac{d_1^{*2}}{2}}V_0\left[\frac{\partial d_1^*}{\partial\sigma}-\frac{\partial(d_1^*-\sigma\sqrt{t})}{\partial\sigma}\right]$$

$$=\frac{1}{\sqrt{2\pi}}e^{-\frac{d_1^{*2}}{2}}V_0\sqrt{t}=V_0\sqrt{t}n(d_1^*)$$

即证得：$\frac{\partial[V_0N(d_1^*)-(D-J)e^{-rt}N(d_2^*)]}{\partial\sigma}=V_0\sqrt{t}n(d_1^*)$。

同理可得：$\frac{\partial[V_0N(d_1)-De^{-rt}N(d_2)]}{\partial\sigma}=V_0\sqrt{t}n(d_1)$。

附录 6.5

由$\frac{\partial JV_3}{\partial\sigma}=V_0(1-\beta_0)n(d_{41})\frac{\partial d_{42}}{\partial\sigma}-(D-J-KJ)e^{-rt}n(d_{42})\frac{\partial d_{42}}{\partial\sigma}=$

$$V_0(1-\beta_0)\frac{1}{\sqrt{2\pi}}e^{-\frac{d_{41}^2}{2}}\frac{\partial d_{41}}{\partial\sigma}-(D-J-kJ)e^{-rt}\frac{1}{\sqrt{2\pi}}e^{-\frac{d_{42}^2}{2}}\frac{\partial d_{42}}{\partial\sigma}$$

将 $d_{42}=d_{41}-\sigma\sqrt{t}$带入上式，可得：

原式$=n(d_{41})\left[V_0(1-\beta_0)\frac{\partial d_{41}}{\partial\sigma}-(D-J-kJ)e^{-rt}e^{d_{41}\sigma\sqrt{t}-\frac{\sigma^2}{2}t}\frac{\partial d_{42}}{\partial\sigma}\right]$

将 $d_{41}=\frac{\ln\frac{V_0(1-\beta_0)}{D-kJ}+\left(r+\frac{\sigma^2}{2}\right)t}{\sigma\sqrt{t}}$带入上式，可得：

原式$=n(d_{41})\Big[V_0(1-\beta_0)\frac{\partial d_{41}}{\partial\sigma}-$

$$(D-J-kJ)e^{-rt}e^{\left(\ln\left(\frac{V_0(1-\beta_0)}{D-kJ}\right)+\left(r+\frac{\sigma^2}{2}\right)t\right)-\frac{\sigma^2}{2}t}\frac{\partial d_{42}}{\partial\sigma}\Big]$$

$$=V_0(1-\beta_0)n(d_{41})\left[\frac{\partial d_{41}}{\partial\sigma}-\frac{D-J-kJ}{D-kJ}\frac{\partial(d_{41-\sigma\sqrt{t}})}{\partial\sigma}\right]$$

将$\frac{\partial d_{41}}{\partial\sigma}=-\frac{\ln\frac{V_0(1-\beta_0)}{D-kJ}+\left(r-\frac{\sigma^2}{2}\right)t}{\sigma^2\sqrt{t}}$带入上式，则有：

原式$=n(d_{41})V_0(1-\beta_0)\left[\frac{D-J-kJ}{D-kJ}\sqrt{t}-\frac{J}{D-kJ}\frac{\ln\frac{V_0(1-\beta_0)}{D-kJ}+\left(r-\frac{\sigma^2}{2}\right)t}{\sigma^2\sqrt{t}}\right]$

显然，当$\frac{D-J-kJ}{D-kJ}\sqrt{t}-\frac{J}{D-kJ}\frac{\ln\frac{V_0(1-\beta_0)}{D-kJ}+\left(r-\frac{\sigma^2}{2}\right)t}{\sigma^2\sqrt{t}}>0$ 或

$\rho=\frac{De^{-rt}}{V_0}>\frac{(1-\beta_0)D}{D-kJ}e^{\left(\frac{1}{2}+k-\frac{D}{J}\right)\sigma^2 t}$ 时，有$\frac{\partial JV_3}{\partial\sigma}>0$。

同理可证，当 $\rho=\frac{(1-\beta_0)D}{D-kJ}e^{\left(\frac{1}{2}+k-\frac{D}{J}\right)\sigma^2 t}$ 时，有$\frac{\partial JV_3}{\partial\sigma}<0$。

附录 6.6

由于$\frac{\partial d_{41}}{\partial\beta_0}=\frac{\partial d_{42}}{\partial\beta_0}=-\frac{1}{(1-\beta_0)\sigma\sqrt{t}}$，则：

$$\frac{\partial JV_3}{\partial\beta_0}=-V_0N(d_{41})+(1-\beta_0)V_0n(d_{41})\frac{\partial d_{41}}{\partial\beta_0}-$$

$$(D-J-kJ)e^{-rt}n(d_{42})\frac{\partial d_{42}}{\partial\beta_0}$$

$$=-V_0N(d_{41})+\frac{1}{(1-\beta_0)\sigma\sqrt{t}}[(D-J-kJ)e^{-rt}n(d_{42})-$$

$$(1-\beta_0)V_0n(d_{41})]$$

$$=\frac{1}{(1-\beta_0)\sigma\sqrt{t}}[(D-J-kJ)e^{-rt}n(d_{42})-$$

$$V_0(1-\beta_0)\sigma\sqrt{t}N(d_{41})-(1-\beta_0)V_0n(d_{41})]$$

由于 $N(d_{41})\in[0,1]$，则有：

$$(D-J-kJ)e^{-rt}n(d_{42})-V_0(1-\beta_0)\sigma\sqrt{t}N(d_{41})-$$

$$(1-\beta_0)V_0n(d_{41})\leqslant(D-J-kJ)e^{-rt}n(d_{42})-(1-\beta_0)V_0n(d_{41})$$

$$=(D-J-kJ)e^{-rt}\frac{1}{\sqrt{2\pi}}e^{-\frac{d_{42}^2}{2}}-(1-\beta_0)V_0\frac{1}{\sqrt{2\pi}}e^{-\frac{d_{41}^2}{2}}$$

$$=\frac{1}{\sqrt{2\pi}}e^{-\frac{d_{41}^2}{2}}[(D-J-kJ)e^{-rt}e^{d_{41}\sigma\sqrt{t}-\frac{\sigma^2}{2}}-(1-\beta_0)V_0]$$

$$=n(d_{41})\left[(D-J-kJ)\frac{V_0(1-\beta_0)}{D-kJ}-(1-\beta_0)V_0\right]$$

$$=-(1-\beta_0)n(d_{41})\frac{V_0J}{D-kJ}<0$$

即有：$\frac{\partial JV_3}{\partial\beta_0}<0$。

附录 6.7

因为$\frac{\partial d_{41}}{\partial k}=\frac{\partial d_{42}}{\partial k}=\frac{J}{(D-kJ)\sigma\sqrt{t}}>0$，且：

$$\frac{\partial JV_3}{\partial k}=(1-\beta_0)V_0n(d_{41})\frac{\partial d_{41}}{\partial k}+J\mathrm{e}^{-rt}N(d_{42})-$$

$$(D-J-kJ)\mathrm{e}^{-rt}n(d_{42})\frac{\partial d_{42}}{\partial k}$$

$$=\frac{\partial d_{41}}{\partial k}n(d_{41})[(1-\beta_0)V_0-(D-J-kJ)\mathrm{e}^{-rt}\mathrm{e}^{d_{41}\sigma\sqrt{t}+\frac{\sigma^2}{2}t}]+$$

$$J\mathrm{e}^{-rt}N(d_{42})$$

$$=\frac{\partial d_{41}}{\partial k}n(d_{41})\left[(1-\beta_0)V_0-(D-J-kJ)\frac{(1-\beta_0)V_0}{D-kJ}\right]+$$

$$J\mathrm{e}^{-rt}N(d_{42})$$

$$=\frac{\partial d_{41}}{\partial k}n(d_{41})(1-\beta_0)V_0\frac{J}{D-kJ}+J\mathrm{e}^{-rt}N(d_{42})>0。$$

故有：$\frac{\partial JV_3}{\partial k}>0$。

第7章　我国银行次级债市场的激励结构与约束功能

本章研究了次级债的激励结构与市场约束治理机制，翔实讨论了投资者如何通过直接约束、间接约束、附加控制条件等方式来限制银行更大的风险承担行为，并比较分析了各种市场约束方式的有效性，以及债项特征的设计对其激励与约束功能的影响。通过对国外次级债激励与约束功能相关经验的归纳与总结，我们能将之与我国银行次级债市场的实际情况进行比较，并对我国银行次级债市场的激励与约束功能进行价值判断，从而给出一些针对性的改进建议。

7.1　引言

《商业银行次级债券发行管理办法》规定次级债是商业银行发行的，本息的清偿顺序列于商业银行其他负债之后，先于商业银行股权资本的债权。引入次级债不仅能以较低的成本达到增强资本监管效果的目的(Benink & Wihlborg，2002；Herring，2004)，还形成了一类主动参与公司治理动机的银行利益相关者，他们有能力和激励去监测、评估与定价银行的风险，从而提供了一种简单、有效地利用市场约束的方式(Lang & Robertson，2004；Nivorozhkin，2005)。次级债对银行风险承担行为的市场约束方式通常有两种：

一是直接市场约束。当银行的风险水平或风险承担倾向较高时，投资者能以较低的价格购买、不购买或少购买其次级债，通过价格约束或数量约束的方式来提高银行的风险承担成本，从而限制银行更大的风险承担激励。二是间接市场约束，其作用途径一般有二：第一，次级债的市场信号可能增加了银行其他负债的成本；第二，次级债二级市场的价格与波动是私人市场参与者对银行风险实时评价的清楚信号，它提供了关于银行状况和风险承担行为的及时、准确的额外证据，为监管当局的迅速校正行动提供了必要的正当理由。正基于此，国际银行业的监管实践普遍主张商业银行的资本结构中应持有一定比例的次级债，通过这种强制性安排来激励债权人对银行的风险承担行为施加一定的市场约束，以配合当局的法定监管，最终达到提高监管效率与效果的目的。

在银行的资本结构中引入次级债，不仅有利于强化私人市场力量对银行经营行为的市场约束作用，还被认为有利于提高银行调整资本结构、降低资本成本的能力；有助于完善银行的资本补充机制，增强银行资本管理的灵活性等（如银监会，2004）。如巴塞尔协议规定各国当局可根据其会计政策和监管条例，自行决定是否将符合条件的次级定期债务计入银行附属资本。我国《关于将次级定期债务计入附属资本的通知》也允许将符合条件的次级定期债务计入附属资本。《商业银行次级债券发行管理办法》再次明确“经银监会批准发行的普通的、无担保的，不以银行资产为抵押或质押的长期次级债务工具可列入附属资本”。此举在当时资本普遍不足和实现上市冲刺的大背景下，为商业银行创造了一种迅速补充附属资本，提高资本充足率的捷径。如建行于 2004 年 8 月、9 月和 12 月分别发行了 150 亿元、83 亿元和 167 亿元的次级债；中行于2004年7月和10月分别发行了140.7亿元和120亿元的次级债；工行于2005年8月发行了350亿元的次级债等。可以说，次级债的监管资本处理与对待，为国有商业银行在短期内迅速提高资本充足率、实现股改转型和顺利上市扫清了障碍。此后两年，主要商业银行似乎放慢了次级债的发行速度，但在2008年全球性次贷危机的冲击下，银监会为增强股份制商业银行的风险缓冲能力与清偿能力，要求上市股份制商业银行将资本充足率提高到10%的水平，从而直接推动了它们的发债热情。据WIND统计，2008年就有12家股份制商业银行、城市商业银行发行了23笔736亿元的次级债。进入2009年后，超常规的信贷扩张使商业银行面临了越来越大的资金瓶颈和资本约束，且监管当局也加强了对其资产质量和资本充足的监控，次级债的附属资本功能再次获得了商业银行普遍的青睐。据作者初步统计，截至2009年8月，我国商业银行已发行了2 240亿元的次级债，从各行次级债的发行公告来看，普遍将发行次级债作为补充附属资本，提高资本充足率的手段。因此，至少从目前来看，次级债的发行动机主要还停留在拓宽资本补充渠道的层面上，相反通过引入次级债来增强市场约束的动机却遭到了怀疑。

从国外银行次级债的发行与监管经验来看，要求商业银行发行一定规模的次级债是为了增强直接或间接的市场约束，鼓励银行更大程度上地披露信息和增强透明度，降低当局的监管宽容等。但从我国商业银行次级债发行的实际情况来看，却表现出了一些不同的特征，如次级债完全由事前定价，不能灵敏地、动态地反映银行的实际风险状况；次级债的市场深度不够，流动性太低，市场价格与波动的信号功能低；具有间接所有权关系的银行间相互持有次级债等。这些特征均可能地弱化了次级债的市场约束激励与功能，与国际银行业监管实践引入次级债的初衷似乎“背道而驰”。正基于此，本章将对国外银行次级债的激励结构与约束功能进行详尽回顾与总结，研究次级债的发行与交易特征对其市场约束激励与功能的影响，并将之与我国银行次级债市场的实际情况进行比较，以期找到我国银行次级债市场可能存在的问题及求解之路。

7.2 次级债的市场约束治理机制

金融创新、技术创新、市场力量等改变了金融机构的规模、经营范围与复杂性，如金融工程技术与创新不仅改变了金融市场，也为金融机构承担、测度与控制风险提供了新的工具，其复杂性常使得监管当局难以有效评估银行的风险状况。因此，法定监管面临着众多的现实挑战，有必要在其之外引入适度激励兼容的市场因素，为市场参与者创造一种适当的、具有有效激励结构的监管框架，它要能鼓励私人市场力量对银行的风险承担行为进行应有的市场约束，能实时“微调”银行的风险承担成本，降低银行的道德风险激励，从而达到增强行为约束与监管效果的目的（Llewellyn，2000）。而一个适当“结构化”的次级债政策就能改变债权人、银行和当局的激励结构，且能创造了一组额外的私人银行利益相关者（次级债债权人），他们的利益与当局风险降低的目标是一致的，这或许有助于创造一种更强有力的银行公司治理体系，同时还不会“挤掉”其他私人利益相关者的公司治理作用。

7.2.1　直接市场约束

次级债投资者根据银行的风险状况或风险承担行为，决定以多大的价格购买、购买多少以及是否购买次级债的决策，从而通过价格约束或数量约束的方式来限制银行更大的风险承担行为。

1）直接价格约束

文献通过研究银行负债成本与其风险测度（如监管测度、会计测度、市场测度等）之间的关系，来推断次级债市场是否存在价格约束效应。国际研究的普遍经验是：次级债市场的价格约束存在性与特定的监管制度和担保推测（conjectural guarantee）紧密相关，若当局不能可置信地承诺将不为次级债要求权（claims）提供保护时，市场约束可能较弱或缺失。

对美国次级债市场的绝大部分研究发现，仅在1980年代中期之后，美国银行次级债市场才存在显著的市场约束作用。Avery et al.（1988）和Gorton & Santomero（1990）发现在1983～1984年间，银行层面的风险测度不能说明次级债的风险溢价，当Flannery & Sorescu（1996）将样本期间扩展到1989年后，却发现两者之间存在显著的正相关关系。美国银行次级债的市场约束特点是与其监管制度的历史演变密切相关。在1980年代中期之前，投资者推测政府对银行业提供了担保，而从1980年代中期开始，联邦储蓄保险公司（Federal Deposit Insurance Company，FDIC）开始对问题机构实行购买与承担（purchase and assumption）的交易机制，FDIC要求在不保护银行控股公司（Banking Holding Companies，BHCs）甚至或有债权人的条件下，降低对银行附属机构的救助成本。1991年的联邦储蓄保险公司改进法(Federal Deposit Insurance Company Improvement Act,FDICIA)明确表示将按照“最低救助成本”的原则处理问题银行机构,同时建立了迅速矫正行动机制,如当银行被认定为资本不足60天后,若没有当局的批准,银行将不得向次级债债权人支付。1993年的国民储蓄优先法案(The National Depositor Preference Act)对FDICIA进行了修正,试图为银行的各种债权建立一个清晰的优先权结构,该法案降低了次级债的清算标准,提高了次级债债权人在银行失败时的损失概率。故总体来讲,监管体制改革增强了次级债债权人对银行特定风险的敏感性,并导致了FDICIA之后银行次级债市场开始出现了某种程度上的市场约束效应(De Young et al. ,1998;Jagtiani & Lemieux,1999;Morgan & Stiroh,2000)[①]。

对日本银行次级债市场的研究也呈现相似的规律。当日本政府1997年允许大型城市银行北海道拓殖(Hokkaido Takushoku)银行破产关闭,并于1998年10月通过金融改革法(Financial Reform Act)和快速复兴法(Rapid Revitalization Act)之后,次级债市场才出现了明显的市场约束效应。如Imai(2006)的研究发现,在1997年之前,次级债价差对穆迪银行评级并不敏感,而在1997年之后,次级债价差及其敏感性对穆迪银行评级开始急剧上升。即随着政府猜测性担保的消亡,次级债投资者开始以价格约束的方

---

① Jagtiani & Lemieux(1999)对1992～1997年间19家银行与41家BHCs的次级债的研究也发现,次级债债权人对银行和BHCs均实施了同样的市场约束性,且对资本不足银行给予了更严厉的风险定价。Morgan & Stiroh(2000)研究了1993～1998年间新发行次级债的价差对银行组合风险的反应程度,发现市场确实在事前对银行风险进行了定价,然而对较大的银行而言,其风险与价差间的关系要弱些。

式来“惩罚”银行更大的风险行为[①]。

2）直接数量约束

Calomiris & Kahn(1991)认为当储户不同意银行的行为时，储户会通过撤退资金的方式来“惩罚”银行。同样的，次级债投资者也可根据银行的风险水平或风险承担倾向，作出是否购买或购买多少次级债的决策，通过数量约束的方式来提高银行的风险承担成本，达到限制银行更大风险行为的目的。可见，次级债的数量约束对应于以下两种情形：①在既定的风险选择下，银行只能发行少于合意数量的次级债；②在既定的风险选择下，如果次级债债权人的市场约束使银行的筹资成本超出其可承受的边界，则银行会重新考虑是否发行次级债。简言之，它们分别对应以下两种情形：①银行未能发行合意数量的次级债；②银行决定是否发行次级债。

Goldberg & Hudgins(1996)；Park & Peristiani(1998)；Martinez Peria & Schmukler(2001)等的研究表明，在不存在监管扭曲的情况下，投资者的数量约束，诸如资金撤退、减少债务滚动(curtailing debt rollover)等，能为银行管理层控制其风险行为提供更强的市场激励。与前述研究不同的是，Covitz et al.(2000)从银行次

① 由文献Imai(2006)可知，在1997年之前，日本政府是不允许任何大型银行失败的，以所谓的护航制度(convoy system)维持政府的这种既定目标。护航制度是由政府主导的鼓励健康银行对失败银行的并购，财政部(Ministry of Finance，MOF)通过授权并购发起行进入有利可图的领域，或使用监管租金去诱导健康银行对失败银行进行并购。而在1990年代之后，银行业管制的放松导致了该产业竞争程度的加剧，使MOF逐渐失去了配置监管租金的权力，并开始使用保险储蓄公司的储备去帮助对清偿不足机构的并购。但储蓄保险自身也是需要融资的，它缺少为健康银行并购提供足够资金支持的激励；另外，对一些清偿不足大型银行的救助也超出了储蓄保险公司的承受水平，于是政府意识到有必要对他们实行关闭或国有化等。一个突出的事件就是政府于1997年对北海道拓殖银行的关闭，从而导致该行股东和次级债投资者的损失。该事件标志着大型日本银行二战后的首次失败，并向市场传递护航救助已不再可行和置信。

级债发行决策的角度来研究其数量约束行为，他们对 1987～1997 年间 50 家最大银行业组织的季度发行决策的研究发现，早前阶段的银行风险测度与次债发行概率几乎不相关，然而在 1988～1992 年间，银行次级债的发行决策与其风险显著负相关。

7.2.2 间接市场约束

较之监管当局对银行质量的传统收集与评估方式，市场评估似乎以一种可信的方式提供了及时准确的信息。通过观测次级债二级市场的价格信号，能推断银行的实际风险状况及其变动，为其他债权人的间接市场约束行动提供依据，如投资者可能将次级债二级市场价格的上升解读为银行风险增加的信号，从而对银行其他负债索要较高的利率，抑或不购买、少购买其他负债等。

监管当局对次级债市场的监测能提供有用的信息，如果市场信息被纳入监管过程，银行风险或许能更有效地被监管。Evanoff & Wall(2001)利用当局对银行(或银行业组织)的 CAMELS 评级(或 BOPEC 评级)作为银行(或 BHCs)真实风险的测度安排，发现次级债价差比资本充足测度更有领先属性，它较之资本比率能更好地预测银行的风险。因此，Evanoff & Wall(2002)建议使用次级债价差来触发迅速矫正行动[①]。事实上，关于将次级债市场信号纳入监管过程的监管讨论早已有之，USSFRC 早在 2000 年就提出，当银行次级债的收益率上涨到 Baa 级公司债水平且持续三个月时，就可认定该行违反了强制性次级债(Mandatory Subordinated

① 迅速矫正行动一般依赖于对资本比率(如资本充足率)的监管，它是基于历史或会计指标，而使用市场为基础的风险测度能激励市场参与者去估值其要求权的预期支付。

Debt,MSD)要求,该行应收到整改通知,面临监督检查,以及支付较高的存款保险溢价等。Herring(2004)认为将次级债市场信号纳入监管过程会带来如下好处:首先,清晰透明的规则有助于降低当局的监管宽容;其次,在一个模糊的环境中它将使监管行为更具有可预测性和公平性,能降低监管风险。图7.1给出了次级债的各种市场约束方式及其治理机制。

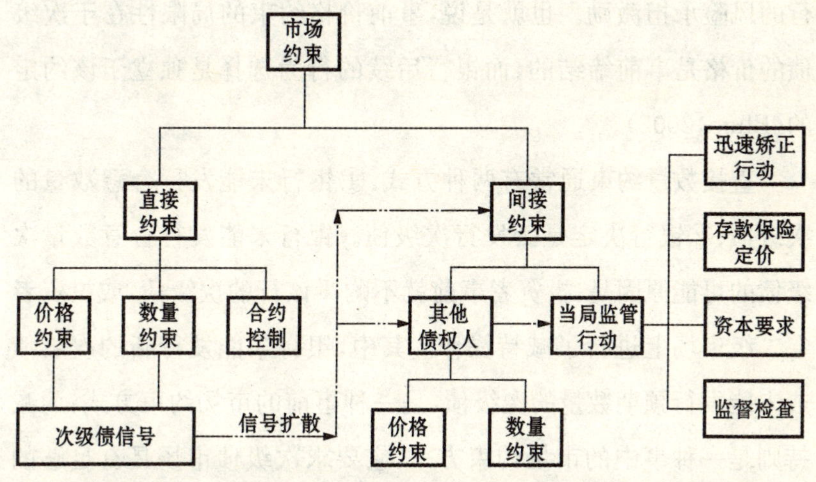

图7.1　次级债的市场约束治理机制

7.2.3　次级债的市场约束治理效果

直接价格约束通常是一种事前的限制银行风险承担行为的方式,它建立在债权人对银行风险感知及双方理性预期的基础之上。监管制度要能为次级债债权人提供不救助的可置信承诺或规则,使之明确其债权将永远处于银行的违约风险之中,唯此,他们才有激励去监测、评估与定价银行的风险。次级债债权人对银行风险的事前定价,隐含假设银行向债权人承诺了一个给定的风险水平,但事实上银行的这种承诺机制是不可信的。Blum(2002)证明如果银行不能可置信地承诺给定的风险水平，则次级债的引入会增加银行的风险承担行为。因为在次级债价格合约缔结后，有限负债的银行为降低其预期的机会成本，总有激励增加风险，理性的次级债投资者预期到银行的这种行为反应，将在事前索要较高的风险溢价以补偿其可能的损失，而这种高利率诉求又进一步加重了银行的风险承担激励。也就是说，事前价格约束的局限性在于次级债的价格是事前缔结的，而银行后续的行为选择是独立于该约定的(Blum,2002)。

直接数量约束通常有两种方式：①银行未能发行合意数量的次级债；②银行决定是否发行次级债。银行未能发行合意数量次级债的可能原因是，投资者事前就不购买该行的次级债，或投资者在二级市场上进行了减持操作。其中，银行未能发行新的次级债或未能发行预期数量的次级债，是一种事前的市场约束方式；而减持则是一种事中的市场约束方式，它要求次级债市场具有足够的深度与流动性。对银行未能发行新的次级债或合意数量的次级债，通常被市场参与者和当局解读为银行出现问题的有用信号，从而被纳入其监管决策过程中去。但问题是，银行的这种发债过程或决策不仅取决于投资者对银行总体风险的评估，还受到宏观经济环境、债券市场深度与流动性、债务工具特征(到期期限、内嵌卖权等)等因素的综合影响。在宏观经济萧条和债券市场深度不足时，即使健康的银行也可能面临发债困难的尴尬，如果武断地将其解读为银行出现问题的信号，并采取了不当的矫正行动，无疑会扭曲市场正常的激励结构与行为。特别地，不发达债务市场还面临买家不足的棘手问题，提高了内部人购买次级债的激励，这可能地破坏了次级债市场约束的风险定价机制（Hamalainen，2004）。因此，在发展中国家引入次级债还存在一个适用性问题（Calomiris，1999），当监管体制是一个频繁变化的弱环境时，使用次级债作为监管工具也许不是合意的（Imai，2006）。

间接市场约束与次级债二级市场价格的信息内容紧密相连，然而，银行披露不利信息的弱激励可能影响了次级债的价格与表现[①]，并因此损害了次级债的信息揭示功能，破坏了次级债的监管机制（Bigus & Prigge，2005）。次级债市场价格仅在一定程度上反映了银行违约概率的真实图景（Herring，2004），而非对银行风险暴露的无偏估计（Bigus & Prigge，2005），因为违约风险只是决定次级债价差的一个必要因素，宏观经济环境、债券市场状况、债务工具特征等也会影响其表现，如 Collin-Dufresne et al.（2001）发现银行违约风险仅解释了次级债价差 1/4 的变动，而流动性风险似乎能解释更多的剩余变动。所以，将这种带有噪音的价格信号用于监管过程（如触发迅速矫正行动、进行存款保险的风险定价等）是有风险的，唯有当次级债市场的深度与流动性足够大时，或许才能产生触发监管制裁的充分价格信号。

前文分析了次级债债权人对银行风险行为的各种市场约束方式及其适用性，但 Bliss & Flannery（2001）指出次级债价差与银行风险正相关并不表示银行对该价差作出了反应。如果银行观测到了来自债权人的市场约束行动，却对之无成本启示和矫正压力，则

---

① Bigus & Prigge（2005）认为当银行有激励披露有利信息而非真实信息时，或政治家、公共当局企图掩盖“大而不倒”银行的损失时，这种情形就可能发生。Berger & Davies（1994）发现 CAMEL 评级上升很快就被整合到市场价格中去，而评级下降却以滞后的方式被整合到市场价格中去，表明银行能够及时地阻止不利信息向市场的扩散。

银行仍将不会采取降低其风险水平的实质性措施，这是一个事后约束的问题。Bliss & Flannery(2001)对1986～1997年间美国大型BHCs的实证研究，并没有找到银行经理对债券市场价差作出响应的证据。Billet et al.(1998)发现银行能对市场信号有所反应，但并非以一种与其清偿一致的方式行动。在监管约束成本与市场约束成本不同时，随着银行风险的增加，银行有激励朝着更加便宜的约束途径转移，这种替代过程可通过改变未保险储蓄对保险储蓄的依赖来实现。Marino & Bennett(1999)对大型银行失败前几年的组合变化趋势的观察发现，问题银行的未保险负债(uninsured and unsecured liabilities)呈现急剧减低的态势，银行失败时的未保险储蓄(uninsured deposits)和未保险负债(unsecured liabilities)要比失败前小得多。这两篇文献表明，银行试图利用监督制度(如保险储蓄的低成本)来规避市场约束成本，弱化了市场约束的"公司治理"机制。

7.3 次级债特征对其市场约束功能的影响

7.3.1 发行数量

对于银行次级债的最优发行数量，学界和业界均无一致意见。在一些主要的MSD建议中，Calomiris(1999)；USSFRC(2000)等建议最低的次级债持有比例为银行风险加权资产(Risk Weighted Asset，RWA)的2%。Keehn(1989)；Wall(1989)；Evanoff & Wall(2001)等则建议持有更多的次级债，如风险加权资产的3%～5%，储蓄的3%等。主张持有较低比例次级债的人认为，绝大多数大型的银行控股公司都相当频繁地发行了一定规模的次级债，能确保该工具在债务市场中的流动性，所以其二级市场价格能被当局和第三方所用。主张持有较高比例次级债的人认为，较大比例的次级债融资能将银行业的系统性风险部分地转移给私人部门，增强储蓄保险人(如 FDIC)的财务缓冲能力。同时，较高的次级债规模也意味着银行更频繁地发行次级债，而这能使银行在更加频繁的基础上接受债券市场的检验，提高了二级市场价格的信息质量。

早期的 MSD 建议强调银行最低的次级债持有比例，而最近的文献开始考虑最优次级债的发行规模与市场约束(或降低银行风险承担行为)的关系问题。Bigus & Prigge(2005)发现当次级债的数量充分变大时，其风险溢价可能随着银行风险的增加而降低，因此他们建议引入次级债的上确界限制。Niu(2008a)在一个两期的投资决策模型中揭示，当次级债的发行数量介于一定区间时，银行在两期均投资于安全资产，也就是说，在银行发行次级债前后，次级债均能发挥对银行风险承担行为的约束作用。因为次级债投资者通过观测银行既有的资产选择来推测其后续的风险选择，当银行持有安全资产时意味其有较高的风险承担的机会成本，因此在发债后更可能投资于安全资产，推测到银行的这种风险选择倾向，次级债投资者会向银行索要较低的利率，以激励银行在发债前投资于安全资产，而它又能进一步激励银行发债后对安全资产的继续选择[①]。Niu(2008b)还研究了最优次级债发行区间与市场竞争

① Niu(2008a)证明当银行持有的次级债规模超出这个门限时，银行两期均将投资于风险资产。即如果银行发债前投资于风险资产，理性的债权人会预期其发债后仍将投资于风险资产，当理性的债权人预期到银行的这种风险选择倾向时，他将在事前向银行索取较高的利率，而银行也同样理性地预期到债权人的定价行为，从而激励其在发债前投资于风险资产。

的关系，他证明在一个竞争程度不太高的市场环境中，存在一个次级债的发行区间使得市场中所有银行均投资于审慎资产（或安全资产）。与Blum(2002)中银行不能可置信地承诺给定的风险水平不同，Niu(2008a)揭示银行可使用既定的安全资产作为后续风险承担水平的承诺机制（commitment device）；而Niu(2008b)揭示储蓄利率也能发挥承诺机制的角色，通过向客户提供审慎利率（prudential rate），银行让投资者确信它在发债后仍将投资于安全资产①。

7.3.2 发债频率

较之定期的公共信息披露（regular public filing），发债过程能揭示更多的有助于评估银行信誉的丰富信息。当次级债的二级市场交易稀薄时，为不断更新其信息流并产生可置信的市场信号，应要求银行定期的发行次级债（Herring，2004）。Hamalainen(2004)建议银行交错的发行次级债，以确保其即使有部分次级债到期了，也始终有次级债暴露于银行的违约风险之中。Evanoff et al.(2007)研究发现在新债发行期间，市场约束程度更强②，并将之归于银行此间更大的透明度与市场流动性，也就是说，要求银行通过发行新债的方式定期进入市场，能不断更新次级债价格的信号内容与质量，并增强次级债的市场约束功能。因此，次级债定期发行

① Niu(2008b)认为尽管次级债债权人不能合约控制银行发债后的资产选择行为，他们能通过观察银行的储蓄利率决策来预期其后续的行为选择。如果一家银行提供的储蓄利率高于审慎银行（或安全银行），则次级债债权人将预期银行投资于赌博资产（或风险资产），并因此索要较高的储蓄利率，降低了银行预期的单期赌博租金，从而弱化了银行的赌博激励。

② 即风险与价差之间的关系更紧密了。

过程中的信息增强效应，曾获得了各种次级债建议的广泛关注，如银行每年至少发行 2 次的次级债(Evanoff，1993；Evanoff & Wall，2001)；按月滚动的(rollover)发行次级债，且每月应有 1/24 的债项到期(Calmomiris，1999)；每季至少应有 10%的合格次级债到期(USSFRC，2000)等。

7.3.3　额外控制条件

1) 合约控制

通过在次级债合约中引入限制性条款，能限制银行从事风险承担活动的能力(Evanoff，1993；Calomiris，1997)。因此，部分投资者试图通过引入限制性合约的方式，如事前约定银行后续的资金流向、股利分配、投资计划等，来降低银行的道德风险激励(Ashcraft，2004)。Goyal(2005)发现次级债债权人对约束性强的合约要求了较低的价差，即它们对债务合约中的限制性条款进行了估值，这与债权人对银行风险承担行为进行私人监测是一致的。Goyal(2005)的研究表明债权人还有替代性渠道去影响和监督银行的风险行为，合约控制在缓释银行风险承担行为方面有着重要作用。而从当前流行的监管趋势来看，监管当局为增强次级债对资本的替代功能，均试图对次级债合约进行标准化，并限制内嵌合约债务作为合格二级资本的能力。而事实上，限制性合约能起到限制银行更大风险承担行为的目的。

2) 附加利率上限

次级债价差是市场对银行风险的总体反映，当银行的风险水平太高时，银行将不得不以较高的价差发行次级债，因此，可强制那些未能以低于规定的最大价差发行次级债的银行降低风险。主张使用次级债市场信号触发迅速矫正行动的文献甚至认为，如果银行不能在利率上限内发行次级债，当局就应采取一定的监管行动，发挥附加利率上限的间接市场约束作用。但在实际执行的过程中，附加利率上限会面临一定的困难，因为次级债价差并非对银行风险的无偏反映，它还受到市场流动性（如债务工具的流动性，债券市场的流动性等）、工具特征（到期期限、买权、step-ups 等）、宏观经济环境等诸多因素的影响。当债券市场高度非流动性时，利率上限规定可能不必要地严惩了所有的银行。特别地，最优利率上限还随着债券市场与宏观经济环境的变化而变化，它可能是高度顺周期的（pro-cyclical）。如经济低迷时期的次级债价差通常变大，则更多的银行可能违反了利率上限的规定，并被迫收缩资产、调整结构或面临当局的监管约束；而经济繁荣时期的次级债价差变小了，则所有银行均可能不违背利率上限的规定，从而失去了附加利率上限的必要。

3）卖权债务安排（puttable debt arrangements）

卖权债务安排赋予投资者在任何时候销售次级债的权利，无论何时，只要次级债债权人对银行的清偿力有疑虑了，就可执行该卖方期权（Cooper & Fraser，1988；Wall，1989）。这里，卖权赋予次级债投资者对银行关闭以发言权，甚至控制权，有助于增强次级债的直接市场约束功能。另外，将监管行动与卖权执行联系起来还能增强次级债的间接市场约束功能。譬如，当次级债债权人执行卖权后，且银行未能在规定期限发行新的次级债替换之，则表示银行风险偏高了或出现了问题，该信号揭示能被当局用来触发新的监管行动（Wall，1989；Evanoff，1993）。诚然，大量次级债投资者的卖权执行确能向市场提供关于银行可能处于严重危机状态的信号，但它也可能导致其他未保险债权人非理性的资金撤退，这种一致性行动会增加银行的流动性压力，并加速银行向无力清偿的方向转变。倘若不同银行之间的风险正相关，则一家大型银行的清偿不力完全有可能导致其他安全的银行也受到卖权同时执行的不利影响，从而加剧了系统风险在银行间的扩散。

4) 距离性(at arm's length)机构投资者持有限制

若银行未能以一定的利率上限发行规定数量的次级债，或次级债二级市场的价格急剧上升，有可能触发当局的迅速矫正行动或监管制裁时，银行将有激励操纵次级债的市场信号内容，如向与其有关联关系的机构以非正常的价格发行"合意"数量次级债，则次级债的市场约束功能丧失。为确保次级债价格能客观地反映市场对银行信誉的评估，合格的次级债应卖给距离型投资者，而不应被发行银行、其控股公司、附属机构等持有(USSFRC，2000；Herring，2004)。当局有必要仔细监管发债银行是否通过形成特殊实体进行债券交易、粉饰债券价格等来降低次级债的市场约束功能。另外，通过向与银行有关联关系的机构发行次级债，也可能引发更大规模的潜在系统风险。这种现象在我国银行次级债市场上非常普遍，也相当严重。早前，银监会为鼓励商业银行在短期内迅速提高资本充足率及顺利改制等，允许那些具有间接所有权关系的商业银行间相互持有次级债，并可按要求计入附属资本。而事实上，我国主要的商业银行均由国家控股(或地方各级政府组织或机构控股)，银行间的相互持有并没有引入增量的资本，也不能提高银行业既有的风险缓冲水平，相反，在大型发债银行"大而不倒"的隐性保险预期下，其他持债银行或机构会降低对其风险暴露的违约风险的敏感性，失去了对大型银行风险承担行为的监督激励。

7.4 我国银行次级债市场的激励与约束功能

7.4.1 我国商业银行的次级债发行与持有状况

资本不足问题一直是困扰和制约我国银行业可持续发展的重要阻力，为了在短期内拓宽银行业的资本补充渠道，提高银行业的总体资本水平，银监会在借鉴国际监管实践的基础上，于 2003 年 12 月制定并发布了《关于将次级定期债务计入附属资本的通知》，决定将符合条件的次级定期债务计入银行附属资本，由此开辟了我国银行业发行次级债的先河与热情[①]。同年，兴业银行发行了我国银行债市场上的第一笔次级债。此后，国有银行在改制和上市的推动下，纷纷将发行次级债作为补充附属资本、提高资本充足率的急切手段。与此同时，一些全国性股份制商业银行要为其过快的信贷扩张计提更多的资本，城市商业银行要为做大做强筹集更多的资本，也纷纷加入到次级债的发行行列。

表 7.1 给出了我国次级债发行银行的次级债持有情况。截止 2008 年年底，共有 15 家商业银行发行了 2 748.69 亿元的次级债，其中国有银行（中行、交行、建行、工行）、全国性股份制商业银行（招商、民生、华夏、兴业、浦发、深发展、浙商）和城市商业银行（北

① 就我国银行业经常性的资本不足问题，许友传、何佳（2009）曾基于隐性保险的视角给予了如下解释。政府对银行业普遍的隐性保险一方面维护和促进了银行业的稳定与发展，保证了我国银行业在长期较低的资本充足水平下的“正常经营”；另一方面，由于缺乏相应的微观经济基础（如高垄断、低竞争的实体经济）和银行质量（低资本、高负债的银行等），隐性保险弱化了市场约束，鼓励了银行业的风险承担行为，从而不断侵蚀了银行业显性的资本基础。

京银行、杭州城商、南京银行、温州城商)分别发行了1 888.1亿元、804.063亿元和56.523亿元的次级债,分别占次级债总额的68.69%、29.25%和2.06%。

表7.1　我国发债银行的次级债持有状况　　单位:亿元

行名	2003年	2004年	2005年	2006年	2007年	2008年
中行	-	-	600	600	600	600
交行	-	120	120	120	370	400
建行	-	398.96	399.07	399.17	399.28	538.10
工行	-	-	350	350	350	350
招商	-	35	35	35	35	334.4
民生	-	58.357	72.344	72.383	72.526	72.520
华夏	-	42.5	42.5	62.5	62.5	62.5
兴业	30	60	60	60	60	60
浦发	-	60	80	106	106	188
深发展	-	-	-	-	-	79.643
浙商	-	-	-	-	7	7
北京银行	-	-	-	-	-	35
杭州城商	-	-	-	7.971	7.971	7.971
南京银行	-	-	8	8	8	8
温州城商	-	-	-	-	5.552	5.552
合计	30.00	774.82	1 766.91	1 821.02	2 083.83	2 748.69

注:1. 本表是对BANKSCOPE数据库中87家信息披露相对完整的银行(其中5家国有银行,11家全国性银行,60家城市商业银行)进行详尽整理获得的。

2. BANKSCOPE数据库显示浦发银行2006年度的次级债规模为46亿元,属数据录入错误,正确的数字应为106亿元。根据银监会复〔2006〕193号和人行银行市场准予字〔2006〕第10号文,浦发银行当年在全国银行间市场私募定向发行了26亿元的次级债。

表7.2则给出了主要银行2008年度的次级债与资本持有状况。表7.2揭示,商业银行的次级债持有与其资本充足状况负相

关,如资本充足率与“次级债/资本”的相关系数为-0.5474,核心资本率与“次级债/资本”的相关系数为-0.6733,两者均在1%的显著性水平下高度显著,似乎表明低资本银行有通过发行次级债提高资本比率的动机。

表7.2　2008年主要银行的次级债与资本状况　单位:%

行名	资本充足率	核心资本率	次级债/资本	次级债/一级资本	次级债/附属资本	次级债/总资产	次级债/RWA
中行	13.4	10.8	10.91	14.0	57.67	0.9	1.5
交行	13.5	9.5	21.04	-	-	1.5	-
建行	12.2	10.2	10.32	12.5	68.06	0.7	1.3
工行	13	11	5.46	6.9	31.97	0.4	0.8
招商	11.3	6.6	29.54	46.8	102.68	2.1	3.1
民生	9.2	6.6	11.1	14.1	37.27	0.7	0.9
华夏	11.4	7.5	16.51	23.7	44.87	0.9	1.8
兴业	11.3	9	10.17	13.0	51.06	0.6	1.2
浦发	9.1	5	28.27	49.7	61.91	1.4	2.5
深发展	8.6	5.3	32.69	54.1	86.11	1.7	2.9
北京银行	19.7	16.4	9.38	11.0	55.82	0.8	1.8
南京银行	24.1	20.7	6.61	7.8	47.16	0.9	1.6

注:本表根据BANKSCOPE数据库整理而得。

从各发债银行次级债的相对持有规模来看,招行、深发展、浦发持有的次级债均超过其风险加权资产的2%。尤其引人注目的是,招行的次级债规模高达其风险加权资产的3.1%,已超出其附属资本规模,按照规定该行超出的部分将不能计入附属资本。从次级债占附属资本的比例来看,工行、民生、华夏等较低,它们仍将具有较大的发行空间。

7.4.2　我国商业银行的次级债发行特征与约束功能

对各行次级债发行特征的详尽收集与整理并非易事，相关的数据来源有二：2006 年之前的次级债发行特征数据来自度量衡金融终端（见本章附表 7.1 的整理），此后的相关数据则是根据各行的簿记建档公告整理而得，公告信息均来自于中国债券信息网，遗憾的是，该站点仅整理了最近两年来各行的次级债发行信息（见本章附表 7.2 的整理）。

我国银行主要发行了 10 年和 15 年两种期限结构的次级债，并在次级债到期前 5 年附有赎回权，若发债银行届时不赎回，票面利率一般溢价 300BP。次级债进行这样设计的目的有二：一是发债银行向投资者释放到期前赎回的强烈愿望，否则将主动承受较高的价格约束；二是规避《关于将次级定期债务计入附属资本的通知》规定的"在次级定期债务到期前的 5 年内，按累积折扣 20%计入附属资本"的限制。一般来说，次级债债项较长期限的设计能将投资者与银行"锁定"，鼓励投资者对银行风险的评估是长期和总体的。

那么，次级债投资者能否主动地对银行的风险进行实时评估呢？这需要从多角度审视。从次级债的发行定价来看，我国银行业的次级债发行均属事前定价，由于投资者没有根据银行事后风险进行实时"微调"的合约控制，银行无需为其事后更大的风险行为承担额外的成本，所以它更多体现了一种事前的价格约束状态。从本章附表 7.1 与附表 7.2 可以发现，在 2006 之前，我国银行的次级债定价似有更大的多样性，即使同一银行同一年度发行的固定利率债项品种，其定价也可能有所差异，但最近两年的次级债定价体现出了较强的“羊群效应”，如国有商业银行间相互跟踪定价，均进行赎回权的承诺和相同的风险溢价设计等，价格似乎不能差别地反映各行实际的风险水平及变化，意味着这种事前的价格约束可能被进一步弱化了。从次级债的发行方式来看，2006 年前主要有私募发行、定向发售、招标发行、簿记建档集中配售、通过直销中心与代销网点公开发售等，发行方式多样，发行过程相对灵活，而此后则通过银行间市场以簿记建档的方式发行，价格基本由银行事前设定，然后通过各种方式让市场参与者判断其适当性，以作出是否购买、购买多少的决策。从我国银行次级债的实际发行情况来看，次级债的实际发行规模要大于其预计发行规模，投资者认购活跃，似乎表明事前的数量约束效应并不明显。

我国银行次级债没有利率上限控制、无内嵌卖权等特征，但购买人并非是距离性投资者，而是一些具有间接所有权关系的机构投资者之间的相互持有，这是一种相当普遍的现象。银监会早前也注意到这个问题，并规定商业银行持有他行发行的次级债和混合资本债总额不得超过其核心资本的 20%，但这并不能阻挡各行之间相互持有次级债的热情①。由于我国主要的银行机构均有国家控股，他们之间形成了千丝万缕的间接所有权关系，允许他们相互持有次级债有可能产生多重不利的后果。首先，具有间接关联关系的银行间相互持有次级债，增加了他们之间价格合谋的可能，

---

① 保监会于 2004 年 9 月发布了《保险公司次级定期债务管理暂行办法》，对保险公司的次级债投资者进行了界定，并试图避免保险公司发行的次级债被关联关系人持有。该办法第八条规定“保险公司次级债应当向合格投资者定向募集”。合格投资者是指具备购买次级债的独立分析能力和风险承受能力的投资者，包括境内法人和境外投资者，但不包括募集人控制的公司和与募集人受同一第三方控制的公司。

导致价格信号的内容失真，弱化了其间接市场约束功能。其次，银行间相互持有次级债为更大的系统风险埋下隐患，只要一家大型的银行出现问题，系统性风险很快就通过持有链条传导给整个行业。在此系统风险的强烈感知下，次级债投资者对发债行可能有较强的隐性保险预期，从而降低了对发债行风险的监测、评估与定价激励，弱化了次级债的事前价格约束机制。

总体来看，我国银行次级债市场存在事前价格约束的可能，但由于投资者不能事前合约控制银行后续的风险选择，银行发债后有更大的风险承担激励；同时，具有关联关系的银行间的互持行为增强了投资者对发债行的隐性保险预期，降低了投资者对发债行的监督激励。至少在目前阶段，我国银行次级债市场存在数量约束的可能性还很低，主要原因是有二：第一，缺乏足够深度与流动性的二级市场，即使投资者事后观测到了银行更大的风险承担行为，并试图通过数量约束的方式退出市场，也可能面临买家不足或交易制度的现实约束；第二，在主要银行"大而不倒"的隐性保险预期下，投资者对银行风险的敏感性不高，在次级债"较高"票面收益的刺激下，投资者可能无法正视银行的风险变化，并无多大的减持动机。鉴于次级债二级市场的信号质量不高，且当局又尚未将其纳入监管决策过程，我国银行次级债市场的间接约束功能基本缺失。

7.4.3　我国商业银行的次级债发行与风险承担的关系

前述分析表明我国银行次级债市场存在事前价格约束的可能，这种约束效应是投资者与银行在理性预期的基础上进行策略性互动形成。而从银行层面来看，发债的目的并非要引入市场约束因素，那只是监管当局的希望，银行则更多从筹资和补充附属资本的视角来审视这个问题。那么，当银行信贷资产增长（或风险资产形成速度）较快时，它是否有激励发行次级债来补充附属资本，以提高其资本充足率呢？

根据巴塞尔资本协议精神，风险加权资产是对银行资产运用的风险轮廓的大致反映，所以“RWA/总资产”可作为银行风险承担倾向的一种测度安排（Shrieves & Dahl，1992；Berger，1995；Aggarwal & Jacques，2001）。表 7.3 揭示全混合样本的“RWA/资产”与“次级债/总资本”的相关系数为 0.1421，似乎表明银行风险倾向越高，就越有动机发行次级债来补充附属资本。但从分年度的相关关系来看，只有在 2007 年之后，两者才存在这种显著为正的相关关系。也即在 2007 年之后，发债银行才具有发行次级债来“抵补”RWA 扩张过快所引致的资本比率降低的激励。

表 7.3 “次级债/总资本”与“RWA/资产”的相关关系

2004	2005	2006	2007	2008	全混合样本
−0.2255	−0.1158	−0.43	0.1297	0.4268	0.1421

注：数据来源于 BANKSCOPE 数据库。

图 7.2 还给出了各发债银行次级债发行与风险承担倾向之间的动态演变。可以发现，招行通过发行次级债来“抵补”RWA 过快扩张而引致的资本比率降低的激励最强，其次是深发展和浦发。民生银行尽管有相当高的风险资产比例，但其次级债在总资本中的比例较低。从图 7.2 我们还可推断更多的信息，如各家银行未来的发债可能、发债空间等。

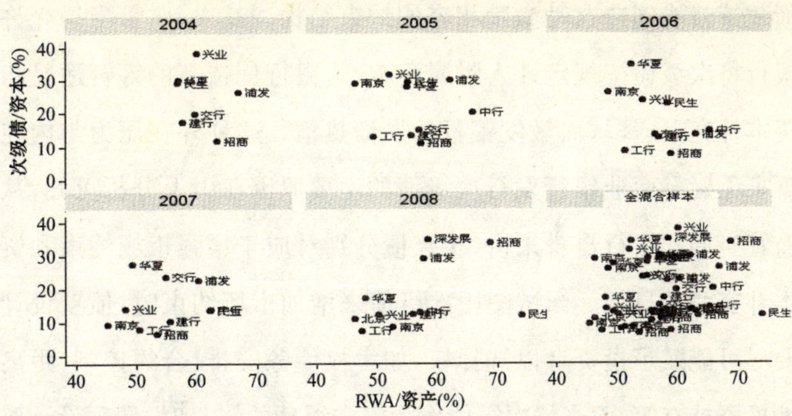

图 7.2　“次级债/总资本”与“RWA/资产”间的散点图

注:数据来源于 BANKSCOPE 数据库。

7.5　本章小结

7.5.1　主要结论

为了创造一组具有适当激励结构的次级债投资者,各种次级债政策或建议均主张对债务的结构与特征进行适当的设计。通常的观点认为,要求银行在其资本结构中持有一定比例的次级债,能增强市场的激励与约束等,但问题是,如果银行发行次级债只是招致市场对其行为的更大约束,则银行将没有激励发行次级债。那么,银行发行次级债的激励来自哪里呢?首先,监管当局可能强制要求银行发行一定规模的次级债。因为当局逐步认识到,单纯依靠法定监管来实现对银行的审慎监管是不经济的,需要引入适度激励兼容的市场约束因素,以配合并增强法定监管,而强制性次级债政策就能创造这种激励相容的约束结构。其次，监管当局允许银行将次级债按规定计入附属资本，为银行创造新的筹资途径与资本补充渠道，从而激发银行的发债热情。这种外在压力与内在诉求无疑是商业银行发行次级债的主要原因。由上分析可知，从监管当局和银行自身来讲，次级债分别对应于增强市场约束和资本补充两种目标。当试图用次级债来增加市场约束时，债项设计要尽可能赋予投资者以选择权，如卖权债务安排、合约控制、距离性投资持有等；而当将次级债作为资本缓冲的工具时，债项设计要尽可能赋予银行以更多的选择权，如明确次级债债权人的绝对后偿权、长期将债务与银行锁定、债务的非累积性（non-cumulative）等[①]。显然，次级债债项的不同设计分别侧重于满足不同的目标，对其市场约束和资本补充功能似乎有着不同的影响，本章的研究更倾向于前者。即站在监管当局的立场上，如何通过引入次级债和进行适当的结构与特征设计，来增加私人市场力量对银行风险承担行为的约束作用。

基于此，本章对次级债的激励结构与市场约束治理机制进行了回顾与总结，研究了次级债债项设计对其市场约束激励与功能的影响，分析了次级债的各种市场约束途径及其适用性。研究表明次级债的市场约束功能有赖于诸多现实条件的制约，如直接价格约束是建立在对银行风险感知和理性预期的基础之上，若监管制度不能为次级债债权人提供不救助的可置信承诺或规则，则次级债债权人将没有激励去监测、评估与定价银行的风险，从而这种

---

① 次级债的非累积性是指当发债银行的资本比率低于给定水平时，银行有权暂停或中止对次级债权人的本息支付。

事前的价格约束将“游离”于银行后续的风险选择。数量约束的市场信号(如银行能否发行次级债,能否发行预期数量的次级债等)不仅取决于投资者对银行总体风险的评估,还受到宏观经济环境、债券市场深度与流动性、债务工具特征等因素的综合影响,如在宏观经济萧条和债券市场深度不足时,健康的银行也会面临发债困难的尴尬,如果武断地解读市场信号,并采取不当的矫正行动,会扭曲正常的市场激励结构与行为。而间接市场约束也受到银行披露不利信息的弱激励的影响,有可能损害了次级债的信息揭示功能,降低了将其用于监管过程和实施间接市场约束的适当性。

对我国银行次级债市场的研究发现:①我国银行次级债市场存在事前价格约束的可能,但由于投资者不能事前合约控制银行后续的风险选择,银行发债后有更大风险承担激励的可能;同时,具有关联关系的银行间的互持行为增强了投资者对发债行的隐性保险预期,降低了投资者对发债行的监督激励。②至少在目前阶段,我国银行次级债市场存在数量约束的可能性还很低,次级债市场的深度与流动性不够,以及投资者对银行风险的敏感性不高是两大主要原因。③我国银行次级债市场的间接约束功能基本缺失。原因也是两方面的:首先,缺乏一个具有足够深度与流动性的二级市场,次级债的价格信号质量不高;其次,监管当局尚未将次级债的二级市场信号纳入其监管决策过程,将之用来触发新的监管行动或制裁。研究表明我国银行次级债市场的激励与约束功能尚处在较低层次上,至少在目前阶段,次级债还主要停留在补充附属资本,提高资本充足率的简单层面上。

7.5.2 政策讨论

次级债的引入有助于增强市场约束和补充附属资本，而这两大目标的实现有赖于次级债债项的特定设计。鉴于本章研究的重心是次级债的市场激励与约束问题，下面将结合我国银行次级债市场的实际特点，讨论在不影响次级债的资本属性的前提下，如果通过债项的设计来激励更强的市场约束。

研究表明我国银行次级债市场存在事前价格约束的可能，但由于投资者不能事前合约控制银行后续的风险选择，银行发债后有更大风险承担激励的可能。那么，当局是否应允许债项合约中包含对银行未来筹资、股利分配等限制性条款呢？表面来看，允许债项中内嵌限制性条款能增强次级债债权人的市场约束激励，但这无疑损害了次级债的附属资本功能，除非当局能对次级债计入资本比例的现行规定进行修正，如根据债项中内嵌限制性合约的方向与程度规定更保守的计入附属资本比例，唯此，才能在不损害次级债附属资本功能的前提下，改其进市场约束激励。

研究表明我国银行次级债市场基本不存在间接市场约束功能。最主要的原因是，我国尚缺乏一个具有足够深度和流动性的次级债二级市场，来自次级债市场的信号并非对银行总体的风险的无偏、有效反映，这种有噪声的信号难以被当局和其他债权人用于间接市场约束。为增强我国银行次级债市场的间接市场约束功能，当局不仅要为银行发行次级债提供规范与便利，也要为其二级市场的交易与流动运筹帷幄，通过制度的引入与规范逐步提高次级债市场的深度与流动性，合理要求大型银行定期的发行一定规模的次级债等，逐步提高次级债二级市场的价格信号内容与质量。

同时，当局也应积极监测次级债二级市场的价格信号，研究将其用于监管过程的可行性与途径。

传统的次级债政策建议大型的银行控股公司应在其资本结构中持有一个最低比例的次级债，这种要求通常基于如下两点考虑：第一，次级债确能发挥对银行风险承担行为的市场约束作用；第二，绝大多数的美欧银行控股公司已持有大于或等于其风险加权资产 2%的次级债，最低次级债要求的执行成本较低。而最近的研究似乎越来越倾向于"唯有一个合适的次级债规模（而非次级债的下确界）才能起到降低银行风险承担行为的目的"。当银行持有的次级债比例较低时，次级债债权人有激励去监测、评估与定价银行风险；而当银行持有的次级债比例较高时，次级债债权人的风险偏好将与银行股东相似，他们也能从银行的赌博行为中获益，从而失去对银行更大风险承担行为的监督激励。从我国银行次级债的实际执行情况来看，监管当局尚未强制要求商业银行发行一定规模的次级债，只是对商业银行次级债的附属资本补充功能进行了限制，如计入附属资本的次级债不得超过核心资本的 50%等。也就是说，我国所有的银行均可申请发行次级债，只是事前需要得到当局的核准而已，且当局似乎对其发债上限也给予柔性的限制。但问题是：如果银行倾向于从资本补充的角度来审视次级债发行，则资本不足银行会有更大的动机发行更多的次级债，而较多的次级债又似乎难以发挥其相应的市场约束功能。那么，从当局的角度来看，如何处理这个问题呢？当局的调整思路不外有二：①当局要重新审视其次级债核准政策，对资本充足的大型银行（或银行控股公司）而言，要强制其发行一定规模的次级债；而对资本不足的小型银行而言，则需严格"核准"其次级债发行诉求与合理性。②对资本充足的大型银行(或银行控股公司)可给予更宽松的次级债上确界限制,而对资本不足的小型银行应从严规定。

具有间接所有权关系的银行间互持次级债是我国特定的现象,违背了合格次级债应由距离型投资者持有的国际惯例。具有间接所有权关系的银行间互持次级债,有可能形成特殊的利益实体或满足特定的交易目的,难以确保次级债价格客观地反映市场对银行信誉的真实评估,直接损害了次级债的市场约束功能。另外,银行间互持次级债并不能在系统内引入增量的资本,还可能地增强了银行的隐性保险预期,引发了投资者的非理性和更大的系统性危机。让我们高兴的是,银监会最近似乎注意到了这个问题,并计划着手调整银行间互持的次级债计入附属资本的比例。但银监会考虑问题的立足点是银行业自身,调整的对象也可能局限于银行同业持有的次级债部分,对具有间接所有权关系的其他行业(如保险业)和机构(大型国有企业等)等持有的次级债,预期不会对其计入附属资本的比例进行调整。对具有间接所有权关系的银行间互持次级债引发的可能问题,有两种改进的思路:①降低发债银行计入附属资本的比例,或要求持有银行按照远高于100%的权重计入风险加权资产(现行规定是100%);②积极鼓励商业银行向不具有所有权关系的机构投资者发行次级债,如鼓励商业银行去海外市场发行次级债,并允许其按照较高的比例计入附属资本等。

本章参考文献

[1] 许友传,何佳. 次级债能发挥对银行风险承担行为的市场约束作用吗?[J]. 金融研究,2008,6:56-68.

[2] 许友传,何佳,王灵芝. 隐性保险政策与银行业风险承担行为——对国家“信

用悖论"的理论解释[J]. 管理工程学报,2009,23(2):60-64.

[3] 银监会《商业银行资本充足率管理办法》起草小组(简称银监会). 积极利用附属资本工具提高商业银行资本充足率[J]. 中国金融,2004,18:42-44.

[4] Aggarwal R. ,Jacques K. T.. The impact of FDICIA and prompt corrective action on bank capital and risk: estimates using a simultaneous equations model[J]. Journal of Banking & Fiance,2001,25:1 139-1 160.

[5] Ashcraft A. B.. Does the market discipline banks? New evidence from the regulatory capital mix[Z]. Working Paper, Federal Reserve Bank of New York,2004.

[6] Avery R. B. ,Belton T. M. ,Goldberg M. A.. Market discipline in regulating bank risk: new evidence from the capital markets [J]. Journal of Money, Credit and Banking,1988,11:547-610.

[7] Benink H. ,Wihlborg C.. The new Basel capital accord: making it effective with stronger market discipline [J]. European Financial Management,2002,8(1):103-115.

[8] Berger A. N.. Market discipline in banking[Z]. Proceedings of a Conference on Bank Structure and Competition,Federal Reserve Bank of Chicago,1991.

[9] Berger A. N.. The relationship between capital and earnings in banking[J]. Journal of Money,Credit and Banking,1995,27:432-456.

[10] Bigus J. ,Prigge S.. When risk premiums decrease as the bank's risk increases——a caveat on the use of subordinated bonds as an instrument of banking supervision[J]. International Financial Markets, Institutions and Money, 2005,15:369-390.

[11] Billet M. T. ,Garfinkel J. A. ,O'Neal E. S.. The cost of market versus regulatory discipline in banking[J]. Journal of Financial Economics, 1998, 48: 333-358.

[12] Bliss R. R. ,Flannery M. J.. Market discipline in the governance of U. S.

bank holding companies: monitoring versus influencing. In: Mishkin F. S., Prudential Supervision: What Works and What Doesn't[M]. The University of Chicago Press, 2001, 107-143.

[13] Blum J. M.. Subordinated debt, market discipline, and banks' risk taking [J]. Journal of Banking & Finance, 2002, 26: 1 427-1 441.

[14] Calomiris C. W., Kahn C. M.. The role of demandable debt in structuring optimal banking arrangements[J]. American Economic Review, 1991, 81: 497-513.

[15] Calomiris C. H. W.. Building an incentive-compatible safety net[J]. Journal of Banking & Finance, 1999, 23: 1 499-1 519.

[16] Collin-Dufresne P., Goldstein R. S., Martin J. S.. The determinants of credit spread changes[J]. Journal of Finance, 2001, 6: 2 177-2 207.

[17] Cooper K., Fraser D.. The rising cost of bank failures: a proposed solution [J]. Journal of Retail Banking, 1988, 10: 5-12.

[18] Covitz D. M., Hancock D., Kwast M. L.. Market discipline, banking organizations and subordinated debt[Z]. Global Finance Association Meetings, Chicago, 2000, 5.

[19] DeYoung R., Flannery M. J., Lang W. W., Sorescu S.. The informational advantage of specialized monitors: the case of bank examiners[Z]. Working Paper, Federal Reserve Bank of Chicago, 1998, 8.

[20] Evanoff D. D.. Preferred sources of market discipline[J]. The Yale Journal of Regulation, 1993, 10: 344-367.

[21] Evanoff D. D., Jagtiani J. A., Nakata T.. The potential role of subordinate debt programs in enhancing market discipline in banking[Z]. Working Paper, Federal Reserve Bank of Kansas, 2007.

[22] Evanoff D. D., Wall L. D.. Subordinated debt and bank capital reform[Z]. Working Paper, Federal Reserve Bank of Atlanta, 2000.

[23] Evanoff, D. D., and L. D. Wall. Measures of the riskiness of banking organizations: subordinated debt yields, risk-based capital, and examination ratings [J]. Journal of Banking & Finance, 2002, 5: 989-1 009.

[24] Evanoff, D. D., and L. D. Wall. Sub-debt yield spreads as bank risk measures [J]. Journal of Financial Services Research, 2001, 20: 121-146.

[25] Flannery M. J., Sorescu S. M.. Evidence of bank market discipline in subordinated debenture yields: 1983-1991 [J]. Journal of Finance, 1996, 51: 1 347-1 377.

[26] Goldberg L. G., Hudgins S. C.. Depositor discipline and changing strategies for regulating thrift institutions [J]. Journal of Financial Economics, 2002, 63: 263-274.

[27] Gorton G., Santomero A. M.. Market discipline and bank subordinated debt [J]. Journal of Money, Credit, and Banking, 1990, 22: 119-128.

[28] Goyal V. K.. Market discipline of bank risk: evidence from subordinated debt contracts [J]. Journal of Financial Intermediation, 2005, 14: 318-350.

[29] Hamalainen P.. Mandatory subordinated debt and the corporate governance of banks [J]. Corporate Governance, 2004, 12(1): 93-106.

[30] Hancock D., Kwast M. L.. Using subordinate debts to monitor bank holding companies: is it feasible [J]. Journal of Financial Services Research, 2001, 20: 147-188.

[31] Herring R. J.. The subordinated debt alternative to Basel II [J]. Journal of Financial Stability, 2004, 1: 137-155.

[32] Imai M.. Market discipline and deposit insurance reform in Japan [J]. Journal of Banking & Finance, 2006, 30: 3 433-3 452.

[33] Jagtiani J., Lemieux C.. Market discipline prior to bank failure [J]. Journal of Economics and Business, 2001, 53: 313-324.

[34] Keehn S.. Banking on the balance: powers and the safety net, a proposal

[Z]. Working Paper, Federal Reserve Bank of Chicago, 1989.

[35] Lang W. W., Robertson D.. Analysis of proposals for a minimum subordinated debt requirement [J]. Journal of Economics and Business, 2002, 54: 115-136.

[36] Llewellyn D. T.. Some lessons for regulation from recent bank crises [J]. Open Economies Review, 2000, 11(1): 69-109.

[37] Marino J. A., Bennett R. L.. The consequences of national depositor preference[J]. Banking Review, Federal Deposit Insurance Corporation, 1999, 12.

[38] Martinez Peria M., Schmukler S.. Do depositors punish banks for bad behavior? market discipline, deposit insurance, and banking crises? [J]. Journal of Finance, 2001, 56: 1 029-1 051.

[39] Morgan D. P., Stiroh K. J.. Bond market discipline of banks: Is the market tough enough? [Z]. in Proceedings of a Conference on Bank Structure and Competition, Federal Reserve Bank of Chicago, 2000.

[40] Niu J.. Can subordinated debt constrain banks' risk taking? [J] Journal of Banking & Finance, 2008a, 32: 1 110-1 119.

[41] Niu J.. Bank Competition, Risk, and Subordinated Debt[J]. Journal of Financial Services Research, 2008b, 33: 37-56.

[42] Nivorozhkin E.. Market discipline of subordinated debt in banking: the case of costly bankruptcy [J]. European Journal of Operational Research, 2005, 161: 364-376.

[43] Park S., Peristiani S.. Market discipline by thrift depositors[J]. Journal of Money, Credit, and Banking, 1998, 30(3): 347-364.

[44] Shrieves R. E., Dahl D.. The relationship between risk and capital in commercial banks[J]. Journal of Banking & Finance, 1992, 16: 439-457.

[45] U. S.. Shadow Financial Regulatory Committee(USSFRC). Reforming bank capital regulation [R], U. S. Shadow Financial Regulatory Committee,

2000,3.

[46] Wall L. D.. A plan for reducing future deposit insurance losses: puttable subordinated debt [J]. Economic Review, 1989, 7: 2-17.

本章附录

附表 7.1 2006 年之前的次级债发行特征

证券名称	预计发行（亿元）	实际发行（亿元）	期限（年）	计息方式	偿还方式	发行方式	票面利率	后 5 年不赎回溢价（BP）
06 浦发 01	26	26	10	固定	-	d	3.75%	
06 中信 01	20	20	15	固定	按年	b	4.12%	
06 中信 02	40	40	10	固定	按年		3.75%	
06 华夏 01	20	20	10	固定	-	b	3.70%	
06 浙商债	-	7	-	-	-	-	4.25%	
06 杭商 01	8	8	10	固定	按年	-	-	
05 工行 01	130	130	10	固定	按年	c	3.11%	
05 工行 02	130	130	15	固定	按年	c	3.77%	
05 工行 03	90	90	10	浮动	按半年	c	R1+1.05%	
05 中行 01	149.3	159.3	10	固定	按年	c	4.83%	
05 中行 02 固	80	90	15	固定	按年	c	5.18	
05 中行 02 浮	80	90	10	浮动	按半年	c	R1+1.49%	
05 民生 01	14	14	10	固定	按年	d	3.68%	
05 浦发 02	20	20	10	固定	按年	-	3.60%	
05 南商 01	8	8	10	固定	按年	c	4.10%	
05 北商 01	35	35	10	固定	按年	d	3.98%	
04 光大次级债	65	-	6	固定	-	a		
04 中行 01	100	140.7	10	固定	按年	c	4.87%	
04 中行 02	120	120	10	固定	按年	c	4.94%	
04 建行 01 固	50	111.4	10	固定	按年	e	4.87%	
04 建行 01 浮	50	38.6	10	浮动	按年	e	R2+2%	
04 建行 02	80	83	10	固定	按年	c	4.95%	

（续表）

证券名称	预计发行（亿元）	实际发行（亿元）	期限（年）	计息方式	偿还方式	发行方式	票面利率	后 5 年不赎回溢价（BP）
04 建行 03 固	100	106.2184	10	固定	按年	e	4.95%	-
04 建行 03 浮	100	60.7816	10	浮动	按半年	e	R3+2%	300
04 民生 01	43.15	43.15	10	固定	按年	f	5.10%	-
04 民生 02	14.85	14.85	10	浮动	按年	f	R2+2.4%	-
04 浦发 01	-	-	-	-	-	-	-	-
04 兴业 01	18.6	18.6	10	固定	按年	a	5.1	-
04 兴业 02	11.4	11.4	10	浮动	按年	a	R2+2.4%	-
05 沪商 01	30	30	-	-	-	d	5.025%	-
04 招商次级债	35	35	-	固定	按年	a	5.1%	-
03 兴业债	30	30	-	-	-	a	-	-

注：1. 资料来源于度量衡金融终端，对个别错误的数据进行了微调。

2. “04 招商银行次级债”的利率为平均利率。

3. R1、R2 和 R3 均为浮动利率次级债定价的基准利率，其中，R1 表示“存续期内各次起息日往前 10 个交易日的 7 天回购加权利率的算术平均值”，即该次级债前 5 年的价格为“存续期内各次起息日往前 10 个交易日的 7 天回购加权利率的算术平均值与基本利差 2.0%之和，若后 5 年银行不行使赎回权，则基本利差在原基础上加 100BP(或 1%)”；R2 表示“存续期内各年起息当日的一年期整存整取定期储蓄存款利率”；R3 表示“7 天回购加权利率 20 个交易日的算术平均值”。

4. 关于次级债的发行方式，各符号分别表示.a 为“定向发售”；b 为“银行间市场发行”；c 为“招标发行”；d 为“私募发行”；e 为“簿记建档集中配售”；f 为“通过直销中心与代销网点公开发售”。

附表 7.2　2008 年以来的次级债发行与定价特征

名　称	簿记建档日	期限（年）	计息方式	发行额（亿元）	票面价格	是否附赎回权	不赎回溢价（BP）
09 农行 01	2009-5-18	10	固定	200	3.30%	附	300
09 农行 02	2009-5-18	15	固定	250	4%	附	300
09 农行 03	2009-5-18	10	浮动	50	R4+0.6%	附	300
09 交行 01	2009-7-1	10	固定	115	3.28%	附	300
09 交行 02	2009-7-1	10	固定	135	4.00%	附	300
09 浙商	2009-5-26	10	固定	12	5%	附	300
09 重庆	2009-4-3	10	固定	10	5.31%	附	300
09 光大	2009-3-13	10	固定	30	3.75%	附	300
09 建行 01	2009-2-24	10	固定	120	3.20%	附	300
09 建行 02	2009-2-24	15	固定	280	4%	附	300
09 工行 01	2009-7-16	10	固定	105	3.28%	附	300
09 工行 02	2009-7-16	15	固定	240	4%	附	300
09 工行 03	2009-7-16	10	浮动	55	R4+0.58%	附	300
09 平安 01	2009-6-26	10	固定	11.5	4.40%	附	300
09 平安 02	2009-6-26	10	浮动	18.5	R4+1.65%	附	300
08 浦发	2008-12-25	10	固定	82	3.95%	附	300
08 光大	2008-12-17	10	固定	50	4.05%	附	300
08 江苏 01	2008-9-1	10	固定	10	6.20%	附	300
08 江苏 02	2008-9-1	10	固定	10	6.20%	附	300
08 光大 01	2008-4-25	10	固定	35	5.85%	附	300
08 光大 01	2008-4-25	10	浮动	25	R4+1.66%	附	300
08 招商 01	2008-9-2	10	固定	190	5.70%	附	300
08 招商 02	2008-9-2	15	固定	70	5.90%	附	300
08 招商 03	2008-9-2	10	浮动	40	R4+1.53%	附	300

注：1. 本表根据各行次级债发行的簿记建档公告整理而得，资料来源于中国债券信息网。

2. R4 表示“簿记建档日和其他各计息年度起息日使用的人行公布的一年期整存整取储蓄利率”。

第 8 章　结论与展望

8.1　主要结论

本书通过对银行风险承担行为和市场约束相关文献的回顾，给出了我国银行业风险承担行为的市场约束机理的系统研究框架。我们分别考察了完全隐性保险政策和不完全隐性保险政策对不同银行风险承担行为的不同作用机理，结合我国政府对问题银行机构的救助实践，这两种隐性保险政策能分别解释国有大型控股银行和中小型银行的部分风险承担行为。我们的研究表明，政府隐性保险政策对健康银行的风险选择具有“屏蔽”效应，但在某种程度上能激发问题银行的风险承担激励，那么，该如何约束银行的这种风险承担激励呢？通常，法定监管和市场约束是两种最主要的银行风险承担行为的外部治理途径。本书的目的不是研究监管当局如何通过追加资本要求、监督检查等手段来约束银行，而是强调如何通过增强市场约束本身（如增强信息披露、引入次级债等）来限制银行更大的风险承担行为。为此，本书研究了银行信息披露和次级债的市场约束机理，阐释了信息披露和次级债发挥市场约束作用的条件等。同时，我们实证研究了我国主要商业银行信息披露的市场约束效果，以及我国城市商业银行的市场约束行为。概言之，本书的主要结论有：

1）政府隐性保险并不必然鼓励所有银行的风险承担行为，它只是可能地鼓励了问题银行的风险承担激励

传统观点认为：存款保险导致银行在选择高风险的资产组合时，无需支付较高的利率以补偿存款人的额外风险，从而鼓励了银行的风险承担行为；存款人对存款保险提供的保护充满信心，监督银行风险承担行为的激励降低，从而弱化了存款人的市场约束激励，进而又进一步鼓励了银行的风险承担行为。

在本书第2章和第3章，我们分别在一个两期经济的框架内，研究了政府完全隐性保险政策和不完全隐性保险政策对银行风险承担行为的激励条件与边界。我们的研究发现：政府隐性保险不影响健康银行的风险承担行为；当问题银行的资产负债率较高或资本充足水平较低时，完全隐性保险鼓励了问题银行的2期风险承担激励，但不完全隐性保险却能无条件地降低问题银行的2期风险承担激励。在一定条件下，不完全隐性保险能降低问题银行的整体性风险承担激励，但其效果取决于受保险的消费者类型和实体经济的微观基础（如竞争性的实体经济微观基础）。

2）实体经济的微观基础是决定隐性保险政策效果的重要因素

政府完全隐性保险政策对问题银行的风险承担激励，取决于银行自身的资产负债（或资本充足）状况和实体经济的微观基础。当实体经济缺乏竞争性的微观基础时，完全隐性保险越有可能鼓励了问题银行的整体性风险承担行为。这表明政府在实施完全隐性保险政策时，必须要有与之相适应的实体经济微观基础，或能对现有的实体经济进行相应的改造。

在一定的条件下，不完全隐性保险能降低问题银行的整体性风险承担激励，但其效果取决于受保险的消费者类型和实体经济

的微观基础。当实体经济具有垄断性的微观基础时,政府对第二类消费者的隐性保险有可能降低问题银行的整体性风险承担激励;当实体经济具有竞争性的微观基础时,政府不完全的隐性保险政策对问题银行风险承担激励的方向是不确定的,只有在有限的条件下,政府对第一类消费者(它主要由短期储蓄构成)的隐性保险才能降低问题银行的风险承担激励。这表明在银行危机管理过程中,对问题银行的短期存款进行救助,也可能鼓励问题银行的风险承担行为,由此引发的道德风险也是必须面对的问题。

3) 当一国银行业现有的风险水平较高时,较之完全隐性保险,政府在将来采取不完全的隐性保险政策将是一项较优的选择

我们将政府隐性保险分别划分为完全隐性保险和不完全隐性保险,比较研究了两种隐性保险的政策效果。我们的研究发现:当一国银行业现有的风险水平较高时,较之完全隐性保险,政府在将来采取不完全的隐性保险政策将是一项较优的选择。如果政府无视实体经济环境和银行"健康"状况,不加区分地给予政府保证和支持,那将是对问题银行的"奖励"和对健康银行的"惩罚",会扭曲市场约束机制,激励了银行的风险承担行为,这样的政策注定会为将来新的、更大规模的、更深层次的银行危机埋下伏笔。

但从政府对大型国有控股银行的隐性保险救助实践来看,政府对它们(特别是四大国有银行)实行了近乎完全的隐性保险政策。政府的这种救助实践有其两面性:一方面,政府隐性保险是它们长期在较低的资本充足水平下"正常经营"的重要条件,从而使银行业顺利地完成了吸收储蓄,支持经济发展的"国家使命"。但与此同时,由于缺乏相应的微观经济基础(如竞争性的微观经济基础)和银行质量(如健康的银行等),这种隐性保险政策弱化了市场

约束,鼓励了银行业的风险承担行为,从而不断侵蚀了银行业“显性的资本基础”。国家信用在银行业发展过程中,肩负着“成也萧何,败也萧何”的角色。如果不对现有的隐性保险政策和政府救助体系进行针对性的、有效的改革与设计,这种基于国家信用的银行业发展悖论在过去存在,在将来仍将持续下去。

4) 信息披露能否发挥其市场约束功能尚需有相应的制度基础和市场环境,只有当金融体系的市场化程度较高,且银行能充分有效地披露其风险信息时,来自债权人的市场约束行动才能真正发挥对银行风险承担行为的约束作用

本书运用我国 14 家主要商业银行 2000～2008 年间的数据,实证研究了银行信息披露与其风险承担行为之间的关系,但没有证据表明信息披露能起到降低银行风险承担行为的作用,它与我国银行业特定的制度背景和市场环境有关。我国政府对银行存款普遍的隐性保险倾向可能会降低债权人的风险敏感性,扭曲了债权人的市场约束激励,导致了其市场约束的弱化。同时,银行业不强的市场与成本意识,使之即使观测到了来自债权人的市场约束行动,也未必有激励采取相应的响应行动。进而言之,信息披露的市场约束效果在很大程度上取决于债权人是否有风险意识,以及银行是否有成本启示,而它们均由一国的金融市场化程度内生决定。如果以上两个机制中的任何一个缺失、弱化或不衔接,均会导致信息披露的市场约束功能的弱化。研究表明信息披露能否发挥其市场约束功能尚需有相应的制度基础和市场环境,只有当金融体系的市场化程度较高,且银行能充分有效地披露其风险信息时,来自债权人的市场约束行动才能真正发挥对银行风险承担行为的约束作用。

5）我国城市商业银行的储蓄负债市场不存在显著的价格约束效应，但没有证据表明一定不存在数量约束效应，且我国省会城市城商行的市场约束力度弱于非省会城市城商行

我们分别从价格约束、数量约束、外部环境对市场约束的影响等视角，研究了隐性保险体制下的我国城市商业银行的市场约束行为。研究发现：①我国城市商业银行的储蓄市场不存在显著的价格约束效应，但没有证据表明一定不存在数量约束效应。②政府隐性保险对银行债权人的价格决策和数量决策均有着显著的影响，且价格决策比数量决策、短期储蓄比长期储蓄受到了政府隐性保险更大的影响。③省会城市城商行的市场约束力度要弱于非省会城市城商行。

6）在银行的负债结构中引入次级债，不一定能起到约束银行风险承担行为的目的，它取决于银行既有的资本充足水平

我们基于或有权估值理论研究了次级债市场约束的内在条件及部分机理，研究发现：①次级债在银行的负债结构中充当了“资本使用”的角色，在银行的负债结构中引入次级债，并不影响银行股东的价值和风险承担激励。②当银行的资产负债水平处于一定的安全边界之内时，随着银行风险承担行为的提高，次级债债权人会在某种程度上补偿高级债债权人。③在银行的负债结构中引入次级债，不一定能起到约束银行风险承担行为的目的，它取决于银行既有的资本充足水平。对资本不足的银行而言，鼓励或强制其发行次级债不能起到约束银行风险承担行为的目的，因为此状态下的次级债债权人和银行股东有着基本相同的风险偏好；对资本充足的银行而言，发行次级债通常能起到约束银行风险承担行为的目的。其政策含义有：为增强市场约束作用，监管当局应“强制”

资本相对充足的银行发行一定规模的次级债；而对资本不足银行而言，不应“鼓励”或“强制”其发行次级债。也就是说，监管当局的强制性次级债要求不应覆盖到资本不足的银行。若非如此，不但不能起到约束银行风险承担行为的目的，反而还给资本不足银行提供了一种使用“免费资本”的机会，从而助长了资本不足银行的发债动机。

7）只有当银行的资产负债水平处于一定的安全边界之内时，法定最低资本要求下的次级债债权人才有激励去约束银行更大的风险承担行为；当银行的资产负债水平较高时，法定最低资本要求会过度地增加了次级债债权人的风险暴露，从而不能发挥对银行风险承担行为的市场约束作用

通常的观点认为：对银行有法定最低资本要求，有助于增大次级债债权人的风险暴露程度，从而激励次级债债权人更积极地监测、评估和定价银行风险，发挥次级债债权人对银行风险承担行为的约束作用。但本书第6章的研究发现，只有当银行的资产负债水平处于一定的安全边界之内时，法定最低资本要求下的次级债债权人才有激励去约束银行更大的风险承担行为；当银行的资产负债水平较高时，法定最低资本要求会过度地增加了次级债债权人的风险暴露，增强了次级债债权人对银行更大风险承担行为的“容忍”与“漠视”，从而不能发挥对银行风险承担行为的市场约束作用。其政策含义有：为增强次级债的市场约束作用，让次级债债权人处于一定的风险状态是必要的，但不能过度地增加了次级债债权人的风险暴露。当银行的资本充足水平较低时，监管当局的法定最低资本要求不但破坏了次级债的市场约束功能，反而还可能过度地“保护”与“纵容”了银行的风险承担行为。为增强次级债的

市场约束功能,监管当局应“谨慎地”使用对银行业的过度保护政策。

8.2　研究展望

基于本书的研究框架,有待观察和研究的主要问题有:

1) 市场约束的“公司治理”效应

由市场约束的作用机理可知:在监测阶段,如果债权人对政府隐性保险的政策预期不强,债权人就会对银行的风险承担行为采取必要的市场约束行动。在控制阶段,如果银行对债权人的市场约束行动有成本启示,并采取有效措施降低其风险,则市场约束有效;但如果银行对债权人的市场约束行动没有成本启示,并不采取措施降低其风险,则市场约束仍无效。那么,面对债权人的市场约束行动,银行是否采取了有效行动来降低其风险呢?或债权人的市场约束行动是否影响了银行的经营行为呢?也即,市场约束的“公司治理”效应是否存在呢?对这个问题的可能研究思路是“事件研究法”,但作为其研究对象的银行债市场必须具有足够的深度和流动性,唯此,才能在债权人的市场约束行动和银行的行为反应之间建立某种关联。但遗憾的是,我国商业银行的债券市场目前还达不到这种要求,即使是通过银行间市场发行的具有较高违约风险(相对于高级债而言)的次级债市场,也是缺乏足够的深度和流动性。现实市场和交易数据的限制,制约了我们对这个问题的当前研究。

2) 最优次级债发行规模

增强信息披露和强制性次级债要求是发挥债权人市场约束功

能的最主要途径,已有越来越多的人开始主张,应对大型商业银行有强制性次级债要求。当银行不能发行次级债或次级债的发行规模达不到规定要求时,这在某种程度上表明银行的经营可能出了问题;或银行的风险水平太高了,以至于次级债投资者不乐意购买其次级债,此时,监管当局应将其作为银行出现问题的有用市场信号,应考虑是否对其采取"迅速校正行动"。

问题的关键是:监管当局在设定强制性次级债要求时,该如何确定银行的次级债发行规模?即如何在次级债发挥市场约束作用的前提下,来设计最优的次级债发行规模?从监管当局的角度来看,强制(或允许)商业银行发行次级债至少应满足以下条件:①强制性次级债要求必须以次级债能发挥市场约束作用为前提;②强制性次级债要求能改进社会的整体福利。即较之不发行次级债情形,监管当局的强制性次级债要求能使银行高级债债权人、次级债债权人和股东的总体价值有所改进。对本问题的可能研究工具是或有权估值理论,但在估计银行最优次级债发行规模时,必然要涉及如何处理不可观测的银行资产价值和资产波动性,对这两个不可观测变量的处理是一项棘手的技术难题。

后　记

本书是在博士论文的基础上修订而成。在其付梓之际，我想最应该感谢的还是我的导师何佳教授。何先生是我极为敬仰的学者，他给予我的实在太多。从论文选题到最终的定稿，先生倾注了大量的心血。论文的核心章节都是在先生的指导下，经过反反复复的修改完成，且本书的第2章、第3章、第5章和第6章的部分内容曾与先生联合署名发表。何先生的耐心、严谨及高深的学术造诣，对我影响很大，使我获益良多，并鞭策我在论文的写作过程中不断严格要求自己，努力地提高论文的质量。

吴冲锋教授是另一位要特别感谢的导师。在何先生不在上海交通大学期间，是他肩负起对我学业的指导与教诲工作。从吴先生的言传身教中，我也学到了很多，在此想表达对他深深的敬意和感激之情！我还应该感谢刘海龙教授、蔡宗武教授、周林教授、洪永淼教授、冯芸教授、吴文锋副教授等，他们在不同的学术领域给我以启迪，激发了我对金融学及相关领域的研究兴趣与热情。

我要特别感谢《金融研究》、《财经研究》、《管理工程学报》、《系统管理学报》、《税务与经济》等刊物的匿名审稿专家、特约编辑、期刊编辑对本书部分章节提出的宝贵意见和建议，他们对本书的改进与完善功不可没。在博士论文的写作过程中，我还与上海交通大学的王灵芝博士，广东商学院的何晓光副教授进行了有益的学术合作，本书的第2章和第6章也体现了他(她)们的智慧，在此表示感谢。

最后要感谢我的家人。正是他们多年来默默的支持和无私的爱，才给予我直面未知的勇气和学术探索的力量。对于他们，我常怀感恩之心，感激之情！

许友传

2010年5月